ANJA UND MARTIN GUNDLACH

Danke!

EIN KLEINES WORT VERÄNDERT IHR LEBEN

SCM

R.Brockhaus

SCM

Stiftung Christliche Medien

Der SCM-Verlag ist eine Gesellschaft der Stiftung Christliche Medien, einer gemeinnützigen Stiftung, die sich für die Förderung und Verbreitung christlicher Bücher, Zeitschriften, Filme und Musik einsetzt.

© 2015 SCM-Verlag GmbH & Co. KG · 58452 Witten
Internet: www.scmedien.de; E-Mail: info@scm-verlag.de

Text S. 49 bis 51: Christina Brudereck,
Mein Danke-Experiment
© Christina Brudereck, Essen

Die Bibelverse wurden folgenden Ausgaben entnommen:
Lutherbibel, revidierter Text 1984, durchgesehene Ausgabe in neuer Rechtschreibung,
© 1999 Deutsche Bibelgesellschaft, Stuttgart. (LUT)

Neues Leben. Die Bibel, © der deutschen Ausgabe 2002 und 2006
SCM-Verlag GmbH & Co. KG, 58452 Witten. (NLB)

Elberfelder Bibel 2006, © 2006 by SCM-Verlag GmbH & Co. KG, 58452 Witten. (ELB)

Gute Nachricht Bibel, revidierte Fassung, durchgesehene Ausgabe in neuer Rechtschreibung,
© 2000 Deutsche Bibelgesellschaft, Stuttgart. (GNB)

Bibeltext der Neuen Genfer Übersetzung - Neues Testament und Psalmen
Copyright © 2011 Genfer Bibelgesellschaft Wiedergegeben mit freundlicher Genehmigung.
Alle Rechte vorbehalten. (NGÜ)

Hoffnung für alle® Copyright © 1983, 1996, 2002 by Biblica, Inc.®.
Verwendet mit freundlicher Genehmigung von ˋfontis - Brunnen Basel. (HFA)

Gesamtgestaltung: www.provinzglück.de
Druck und Bindung: Finidr s.r.o.
Gedruckt in Tschechien
ISBN 978-3-417-26658-0
Bestell-Nr. 226.658

INHALT

Die Danke-Reise beginnt

„Danke!" – was für ein vielschichtiges Wort! Manchmal gedankenlos dahingesagt oder hastig in die Tasten getippt. Manchmal als „Nein, danke!" mehr zur Abwehr gebraucht. Hin und wieder auch ironisch gemeint: „Na, schönen Dank auch!" Dann bleibt es blutleer und kalt.

Aber wenn ein „Danke!" von Herzen kommt, wenn es ehrlich gemeint ist, hat es großes Potenzial. Es entwickelt Kraft, ermutigt und schenkt Lebensfreude. Jemand dankt mir, das heißt: Jemand sieht mich als Person, jemand nimmt wahr, was ich bin und tue, jemand würdigt mich und das Geschehen um mich herum.

Wir, Anja und Martin, sind überzeugt: Jeder wünscht sich, in einer Umgebung von dankbaren Menschen zu leben. Der einzige Weg dahin ist, selbst einer zu werden. Das ist der Ausgangspunkt der Danke-Reise dieses Buches: selbst dankbar leben zu lernen – und mit dieser Dankbarkeit andere anzustecken!

Denn nach unserer Erfahrung ist nur wenigen Menschen eine Haltung der Dankbarkeit sozusagen in die Wiege gelegt. Sicher, es gibt diese Danke-Genies, diese von Natur aus dankbaren Menschen. Aber ihre Anzahl ist überschaubar. Jesus erlebt nach einer Heilung von zehn Menschen, dass nur einer der Geheilten zurückkommt und sich bedankt. Zehn Prozent: Vielleicht ist das die Quote derer, denen das Danken einfach zufällt. Die anderen 90 Prozent müssen sich den Zugang zum Danken erst erarbeiten. Müssen sich heranarbeiten an das Thema, lernen, üben.

Für genau diese Mehrheit ist dieses Buch entstanden. Es ist ein Praxisbuch, das in zwölf Abschnitten, zwölf „GeDANKEn", dazu einlädt, ein dankbarerer Mensch zu werden. Dankbar Gott gegenüber und versöhnt mit der eigenen Geschichte. Dankbar im eigenen geschützten Umfeld und mutig dankbar in der Gesellschaft. So einfach – und doch so schwierig.

Zur Mehrheit derer, die Dankbarkeit erst erlernen müssen, zählen wir auch uns, die Autoren dieses Buches. Wir, Anja und Martin Gundlach, leben mit unseren drei Töchtern und unserem Hund in einer Reihenhaussiedlung in einer Kleinstadt. Wir arbeiten, wir kämpfen, wir feiern Erfolge und wir robben uns durch Durststrecken. Wir mögen es, zusammen zu leben, wir lieben uns, wir streiten, wir diskutieren – und sind uns am Ende nicht immer einig. Und wir haben einen Wunsch, der uns verbindet: Wir möchten gerne zu wirklich dankbaren Menschen werden. Warum? Nicht weil wir müssen. Sondern weil wir erleben, dass Dankbarkeit eines der Geheimnisse eines wirklich glücklichen und zufriedenen Lebens ist.

Bei uns ist da noch viel „Luft nach oben" – und wir sind als Autoren nicht die Experten, die das Thema komplett unter den Füßen haben! Es ist eher ein Experiment: Wir starten gemeinsam eine Reise.

Keine Eile!

Dabei sind wir der Überzeugung: Man kann Dankbarkeit lernen! Darum werden in jedem der zwölf Kapitel konkrete Trainingsfelder benannt: mit einem thematischen Impuls, Bibelbezügen, eigenen Erfahrungen und Fragen zum Nachdenken. Unser Wunsch ist, dass Sie das Buch langsam durcharbeiten und an den Stellen verweilen, die

» MAN KANN DANKBARKEIT LERNEN!«

Sie besonders ansprechen. Sie haben keine Eile! Für uns war und ist es ein großes Privileg, beim Arbeiten mit dem Thema „Dankbarkeit" selbst viel gelernt zu haben – und weiter lernen zu dürfen.

Eine Erkenntnis war für uns: Die Reise zur Dankbarkeit gelingt am besten, wenn wir sie mit Unterstützung angehen. Deshalb: Notieren Sie sich das Wichtigste, reden Sie in Ihrer Familie, in Ihrer Kleingruppe, mit Ihren Freunden über das Thema. Heften Sie sich Zettel an den Kühlschrank, lassen Sie sich von Ihrem Handywecker erinnern, verabreden Sie sich mit anderen, die auch die Danke-Reise antreten wollen (mehr dazu beim GeDANKEn 1).

Eine Einsicht ist uns beim Schreiben dieses Buches wichtig geworden: Es geht nicht um große Vorsätze, sondern um „Learning by Doing". Indem wir anfangen, bewusst dankbar zu leben und dabei praktische Schritte zu gehen, verändert sich etwas in uns und in unserer Umgebung. Denn: Veränderung beginnt im Kleinen: „Etwas ist besser als nichts", ist deshalb ein viel zitierter Satz in unserer Familie.

Wenn es ein Erfolgsgeheimnis für einen erfolgreichen Start zur Danke-Reise gibt, dann dieses: Halten Sie die Gedanken, die Ihnen beim Lesen kommen, fest – und setzen Sie sie in kleine Taten um. Dankbarkeit, so haben es viele erlebt, wächst langsam und beständig. Dann aber ist sie nicht mehr aufzuhalten. Und wo sie sich ausbreitet, verändert sie Beziehungen, Familien, Nachbarschaften, Gemeinden, Stadtteile. Denn dankbare Menschen prägen das Lebensklima ihrer Umgebung. Wir wünschen Ihnen, dass Sie das erleben!

Anja und Martin Gundlach

P.S. Von diesem Buch gibt es auch eine Version für Jugendliche: *Danke, Thanks und Merci. Ein kleines Wort verändert dein Leben.* Die zwölf Themen sind darin dieselben wie hier. Nur eben jugendlich aufbereitet und in teen-gerechter Sprache ... Vielleicht wollen Sie sich ja mit Ihren Kindern zusammen auf die Danke-Reise begeben oder es einer Jugendgruppe empfehlen.

Und für die, die mit dem Danken wirklich konkret beginnen wollen, gibt es ein Danke-Tagebuch: *Die Entdeckung der Dankbarkeit* heißt es, und lädt ein, die Reise schriftlich zu dokumentieren.

Dankbarkeit zeugt geradezu neue Dankbarkeit, gerade so, wie Liebe Liebe zeugt.

HENRI J. M . NOUWENI[1]

GeDANKE 1

Warum Dankbarkeit so wichtig ist

Wenn unsere Töchter uns Zettelchen mit „Danke, Mama!" oder „Danke, Papa!" schreiben (was nicht oft, aber gelegentlich passiert), werfen wir diese wichtigen „Dokumente" natürlich nicht weg. Sondern wir heben sie auf (und kleben sie in unser Familienbuch) und bekommen sentimentale Gefühle, wenn wir sie nach Jahren wiederfinden.

Dankbarkeit – es gibt kaum ein Thema, bei dem es größere Einigkeit darüber gibt, dass sie erstrebenswert und etwas Positives ist. Ein dankbarer Lebensstil tut uns selbst und unserer Umgebung gut. Jeder mag dankbare Leute sowie das Wörtchen „Danke!" und wäre gern ein dankbarer Mensch. Die allermeisten Danke-Kärtchen rufen spontane Freude hervor.

Dankbarkeit – als die Idee aufkam, von Oktober 2015 bis Oktober 2016 ein „Jahr der Dankbarkeit" zu gestalten, haben sich viele zu dieser Initiative gestellt (mehr dazu unter www.jahr-der-dankbarkeit.net). Vor allem haben wir bei der Suche nach Gleichgesinnten gemerkt, wie viele Verbündete wir schon haben. Es gibt beispielsweise den Danke-Tag in Frankfurt, Danke-Trainingskurse in Lüneburg, die Aktion „Danksekunde" in der Evangelischen Kirche in Hessen und Nassau und vieles mehr.

Danke-Training? Ja, offensichtlich gibt es ein Spannungsfeld bei diesem Thema, das pointiert und verkürzt so lauten könnte: „Jeder wäre gern ein dankbarer Mensch, nur keiner ist es." Der Satz stimmt natürlich nicht, weil niemand immer zu hundert Prozent dankbar und niemand gar nicht dankbar ist. Aber die Richtung dieser etwas provokativen Aussage ist wohl die richtige. Sie lautet: Irgendetwas macht es uns schwer, dankbar zu sein, obwohl wir es gerne wären. Und daran schließt sich die Frage an: Kann man Dankbarkeit lernen? Wir glauben, ja. Und das ist der Anlass zu diesem Buch: eine Reise hin zu einem Leben, in dem Dankbarkeit Raum gewinnt.

Denn vieles spricht dafür, dass es sinnvoll ist, dankbar zu leben. Warum das so ist – darum geht es in diesem Kapitel. Dabei nähern wir uns dem Thema aus drei Richtungen: Zuerst von der psychologischen Seite aus, dann von der Bibel her – und zuletzt von unserem persönlichen Empfinden und Erleben.

Die psychologische Forschung

Etwa seit dem Jahr 2000 gewinnt die positive Psychologie an Bedeutung. Während sonst in der Psychologie vor allem negative Emotionen und die Frage ihrer Bewältigung im Mittelpunkt stehen, rücken in diesem Teilbereich die Emotionen in den Vordergrund, die als Verstärker eines positiven Gesamtbefindens wirken. (Die Gesundheitspsychologie betont schon lange, welche enorme Bedeutung positive Emotionen auf unser Gesamtbefinden haben.)

Dankbarkeit spielt dabei eine zentrale Rolle. Ein großer Teil neuerer Arbeiten zeigt, dass Menschen, die dankbarer sind, sich subjektiv besser fühlen. Dankbare Menschen sind glücklicher, weniger depressiv, weniger unter Stress und zufriedener mit ihrem Leben und ihren sozialen Beziehungen. Immer wieder wird betont, wie wichtig es ist zu lernen, das eigene Leben mit ein wenig Abstand zu betrachten.

Die Uni Lüneburg bietet deshalb ein „Dankbarkeitstraining zur Förderung der gedanklichen Distanzierungsfähigkeit" an. Gefördert wird hier die Fähigkeit, sich aus dem Hier und Jetzt kurz zu verabschieden und eine Perspektive einzunehmen, die in den Blick nimmt, was eigentlich wichtig ist und was im Leben wirklich zählt.

Der führende Kopf des Dankbarkeitstrainings ist Dr. Dirk Lehr. Ihn haben wir gefragt, um was es dabei konkret geht:

„Im Dankbarkeitstraining geht es darum, unseren Blick auf die positiven Erlebnisse im oft stressigen Alltag zu richten. Meist müssen wir uns nicht bewusst darum bemühen, die Dinge zu bemerken, die uns ärgern,

Sorgen bereiten oder traurig machen. Das geschieht ganz von selbst. In diesem Sinne ist unsere Aufmerksamkeit ‚unfair‘, was vermutlich etwas mit der Funktionsweise unseres Gehirns zu tun hat. Glücklicherweise gehören aber auch positive Erlebnisse zum Alltag, nur diese bemerken wir oft nicht von selbst. Beim Dankbarkeitstraining geht es also darum, unserer Aufmerksamkeit Fairness beizubringen und positive Erlebnisse öfter als ein Geschenk wahrnehmen zu können."

Eine schöne Formulierung und ein einleuchtender Weg: Der Aufmerksamkeit Fairness beibringen – so entsteht ein Lebensgefühl, in dem Dankbarkeit gedeiht. Laienhaft zusammengefasst: Positive Erlebnisse werden bewusst wahrgenommen, dabei wächst die Dankbarkeit, die dann irgendwo ihren Ausdruck findet. Ist das Konzept wirklich so einfach, Herr Dr. Lehr?

„Im Grunde genommen ist es genauso. Allerdings: Zu lernen, den Blick auch auf die erfreulichen Momente zu richten, diese mit einer dankbaren Haltung auf sich wirken zu lassen, darüber zufrieden zu werden, sich manchmal sogar zu freuen und dies gegenüber anderen hier und da kreativ als Dank zum Ausdruck zu bringen – das alles hat etwas mit der Veränderung von Gewohnheiten zu tun. Und das ist nicht einfach und daher die eigentliche Herausforderung."

Ein interessanter Satz auf der Internetseite des Danke-Trainings[2] lautet: „In einer Studie wird die Wirksamkeit des Trainingsprogramms im Hinblick auf eine Reduktion der Grübel- und Sorgenneigung untersucht." Reduktion der Grübelneigung – meint also: Ich mache mir weniger Sorgen, wenn ich dankbar lebe. Gibt es schon ein Ergebnis, dass diese Erwartungen sich tatsächlich erfüllen? Nochmal Dr. Lehr:

„Unsere erste Studie zum Dankbarkeitstraining gibt hier tatsächlich Grund zur Hoffnung, da viele Teilnehmer von weniger Grübeln und Sorgen berichten. Die genauen Ergebnisse haben wir noch nicht, aber die bisherigen Erfahrungen waren so ermutigend, dass wir gleich noch weitere Studien durchführen werden."

Dass die Bedeutung der Dankbarkeit groß ist, ist schon lange bekannt. Vor über 2000 Jahren bereits stellte der römische Philosoph Cicero fest: „Dankbarkeit ist nicht nur die größte aller Tugenden, sondern die Mutter aller anderen." Die Ur-Tugend sozusagen. Oder, ins heutige Deutsch übersetzt: Wer sich diese Fähigkeit antrainiert hat, geht leichter durchs Leben und kann in der Folge andere gute Lebensgewohnheiten einfacher erlernen.

Für ganz praktisch Denkende spielt womöglich der Nutzen der Dankbarkeit auch eine Rolle. Denen sei gesagt, dass sie sich tatsächlich „auszahlt": In Verbindung mit einem Lächeln kann ein herzliches Dankeschön Türen öffnen. Und in einer Untersuchung wurde festgestellt, dass Kellner, die „Danke" auf die Rechnung setzen, mehr Trinkgeld erhalten.[3]

Die Bibel

Hat die Psychologie die Bedeutung der Dankbarkeit erst in den letzten Jahren entdeckt, so ist sie in der Bibel längst ein gewichtiges Thema, das sich im Grunde von vorne bis hinten durchzieht. Es spielt im christlichen Glauben daher eine zentrale Rolle. Martin Luther etwa nannte Dankbarkeit „die wesentliche christliche Haltung"!

Nach biblischem Verständnis ist eine dankbare Lebenseinstellung die angemessene Antwort des Menschen auf das Handeln des allmächtigen Gottes: „Dankt dem Herrn, denn er ist gut zu uns und seine Liebe hört niemals auf." (Psalm 106,1; GNB). Oder mit Paulus' Worten: „Dankt Gott, dem Vater, zu jeder Zeit für alles im Namen unseres Herrn Jesus Christus" (Epheser 5,20; GNB).

Die Bibel macht uns sehr deutlich, dass wir Menschen unser Leben und alles, was dazugehört, nicht uns selbst verdanken, sondern unserem Schöpfer und himmlischen Vater. Wir sind abhängig und können nicht alles allein. Darum hängen Dankbarkeit und Demut auch zusammen. Beides verweist immer auf Gott!

Es lohnt sich, einmal einzelne Passagen der Bibel im Hinblick auf Dankbarkeit zu studieren. Hier ein kurzer Überblick:

Der Mensch ist aufgerufen, dem Handeln Gottes in seinem Leben nach-zu-denken. Wenn er auf diese Weise staunend die wunderbaren Wege Gottes immer mehr erkennt, führt das sozusagen „automatisch" zum Dank (Psalm 77,6.12.14). Damit ist eine Haltung der Dankbarkeit ein wichtiges geistliches

Fundament! Denn wo wir sie vernachlässigen, verlieren wir unsere Orientierung und landen im Dunkeln (Römer 1,19-21).

Dabei ist das, wofür wir danken können, vielfältig: Wir sind dankbar für unser Leben (Psalm 139,13-14); für die alltäglichen Dinge (1. Timotheus 4,4); für andere Menschen (1. Timotheus 2,1); dafür, dass Gott uns auch in Schwierigkeiten nicht verlässt (Psalm 50,23; Apostelgeschichte 16,24).

Entscheidend ist, dass die innere Herzenshaltung der Dankbarkeit auch äußerlich ihren Ausdruck findet. Mit Worten im Dankgebet (Psalm 63,4-5; 1. Thessalonicher 5,17-18) und mit Taten im Gehorsam (Johannes 14,15). Der Dank ist – egal, in welcher Form – immer Bekenntnis zu Gott!

Nach biblischem Verständnis hat der dankbare Mensch einen Blick für die Güte Gottes entwickelt und erkennt sie in seinem Leben – auch wenn die Umstände schwierig sind und „äußerlich" betrachtet kein Grund zur Dankbarkeit gegeben ist: „Dankt Gott in jeder Lebenslage! Das will Gott von euch als Menschen, die mit Jesus Christus verbunden sind" (1. Thessalonicher 5,18; GNB).

Dankbarkeit ist der Weg, der uns zum eigentlichen Grund für unser Dasein führt: „Wir wollen dankbar sein, weil wir schon jetzt Anteil an jener neuen Welt bekommen, die durch nichts erschüttert werden kann. Lasst uns Gott in heiliger Scheu und Ehrfurcht danken und ihm dienen, wie es ihm gefällt" (Hebräer 12,28; GNB). Oder: „Gehet zu seinen Toren ein mit Danken!" (Psalm 100,4; LUT).

Das war ein Feuerwerk von großen Sätzen aus der Bibel und es lohnt sich, diese einmal in ihrem textlichen Umfeld zu studieren. „Dankbarkeit ist ja kein spezifisch christliches Thema", hören wir manchmal. Das stimmt insofern, als auch in anderen Religionen und Weltanschauungen Dankbarkeit eine große Rolle spielt. Aber richtig ist auch: Die Bibel steckt voller Ideen zur Dankbarkeit. Wer als Christ lebt, hat hier einen zentralen Wert gefunden.

Unser persönliches Empfinden

Neben der Psychologie und der Bibel sagt uns eine dritte Komponente, wie wichtig die Dankbarkeit ist: unser Bauchgefühl! Wir ahnen, dass das Danken ein Schlüssel zu einem Lebensstil ist, der uns und anderen guttut – und der Gott ehrt. Es geht vermutlich den meisten Menschen so wie uns: Wir mögen es, wenn unser Einsatz dankbar gesehen und gewürdigt wird. Wir freuen uns, wenn andere sich durch unseren Dank ermutigt fühlen. Und wir blühen auf, wenn wir uns in Gebetszeiten ins Gedächtnis rufen, wie viele Gründe wir haben, Gott dankbar zu sein.

Wir sind gern mit dankbaren Menschen zusammen. Auf ein „Danke!" haben wir nur selten eine knurrige Antwort bekommen. Und wir haben uns noch nie über uns selbst geärgert, wenn wir dankbar reagiert haben. Aber schon oft, wenn wir selbst muffelig oder nörgelig waren.

Es ist ein Privileg, in einer Umgebung von dankbaren Menschen zu leben. Das sind Menschen, die wissen, dass sie ganz viel Grund haben, Gott für die vielen Geschenke in ihrem Leben dankbar zu sein. Menschen, die an ihrem Arbeitsplatz Respekt und Großzügigkeit ausstrahlen. Väter und Mütter, die sich gegenseitig wertschätzen, die sich über ihre Kinder dankbar freuen und in deren Familie keine Angst zu spüren ist. Wie wohltuend sind diejenigen, die sich an den kleinen Dingen des Lebens freuen können! Die nicht neiden, die nicht jammern, sondern ihr eigenes Leben dankbar annehmen!

So wären wir gerne. Das ist das persönliche Sehnsuchtsziel unserer Reise: Wie schön wäre es, wenn Menschen das auch über uns sagen würden. Wie schön wäre das für uns selbst, wenn wir in eine Lebenshaltung der Dankbarkeit hineinwachsen. Wie wohltuend wäre das für unsere Umgebung, unsere Kinder, unsere Kollegen, unsere Freunde.

Wir möchten dankbare Menschen sein – das ist unser persönlicher Ausgangspunkt für die Reise, zu der wir Sie einladen. Keiner fängt bei null an und keiner wird bei hundert landen, aber jeder von uns kann langsam kleine Schritte nach vorne tun.

Was wir für die Reise brauchen

Wenn nun jeder gern dankbare Menschen um sich hat – warum sind wir dann nicht längst alle dankbarer? Warum ist oft so viel Nörgelei in unseren Gesprächen zu hören? Und warum ist in unserer Gesellschaft so viel Neid und Konkurrenz, Kleinlichkeit und Missgunst zu spüren?

Weil Dankbarkeit nicht von selbst entsteht. Der Wunsch, dankbar sein zu wollen, macht uns nicht automatisch zu dankbaren Menschen. Dankbarkeit ist eine innere Haltung, die wir lernen und üben müssen. Vier Dinge braucht es unserer Erfahrung nach, damit sich eine Veränderung einstellen kann.

1. Eine Entscheidung

Der erste Schritt lautet: Mut zur Entscheidung. Wir müssen uns dafür entscheiden, die Perspektive auf unser Leben zu ändern. Also: „Ich will ab heute auf das halb volle Glas schauen – und nicht auf das halb leere. Ich will auf das Gehalt, von dem ich leben kann, blicken – und nicht auf das höhere des Nachbarn. Ich will meine Kinder dankbar annehmen – und sie nicht als Belastung sehen. Ich will dankbar sein für das, was ich körperlich noch kann – und mich nicht nur an das erinnern, was ich konnte, als ich noch jung und durchtrainiert war. Ich will ...“

Das ist sozusagen eine grundsätzliche Entscheidung zur Dankbarkeit – die aber im Lauf eines Tages in tausend kleine Entscheidungen zerfällt. Tausend Entscheidungen für bestimmte Gedankengänge und Taten und tausend kleine Entscheidungen gegen bestimmte Haltungen und Sätze.

Trotz aller Kleinarbeit muss ich die Richtungsentscheidung, dass ich ein dankbarer Mensch werden will, einmal grundsätzlich getroffen haben. Am besten nicht heimlich still und leise, sondern als ein Versprechen vor anderen Menschen. „Anja Gundlach, Martin Gundlach – willst du ein dankbarer Mensch werden?" „Ja, ich will. Mit Gottes Hilfe." Worte, die man sonst aus dem Eheversprechen kennt, kann man durchaus auch hier gebrauchen. Ja, ich will – und Gott muss helfen. Unbedingt.

2. Unterstützung

Bei der Eheschließung gibt es Trauzeugen, die nach ihrem Auftritt beim Standesamt oder bei der Feier vor allem die Aufgabe haben, das Brautpaar in der folgenden Ehe zu begleiten, zu ermutigen und in schwierigen Zeiten zu unterstützen. „Kein Paar schafft das alleine!" ist der Gedanke hinter dieser hilfreichen Konstruktion.

Nun ist eine Entscheidung zu einem dankbaren Lebensstil nicht ganz mit einer Eheschließung zu vergleichen, aber in einem Punkt passt das Bild: Auch diese Reise wird ganz alleine nicht gelingen. Auch auf diesem Weg brauchen wir Unterstützer, Gesprächspartner, Mitreisende und Wegbegleiter.

Vielleicht haben Sie Freunde, die mit Ihnen auf diese Dankbarkeitsreise gehen wollen und mit denen Sie Erfahrungen austauschen, Erfolge feiern und Rückschläge verarbeiten können. Vielleicht gehen Sie auch als Familie das Projekt „Dankbarkeit" gemeinsam an. Sie könnten zunächst als Paar starten und später die Kinder mit dazunehmen. Oder sie starten alle gemeinsam ein Projekt, vielleicht auch eher spielerisch, gleich als ganze Familie.

Vielleicht nehmen Sie sich als Hauskreis die Zeit, gemeinsam den Wert der Dankbarkeit in den Mittelpunkt zu rücken. Zu Beginn jedes Treffens berichten Sie von Ihren Erfolgen oder Ihren Rückschlägen auf Ihrer Danke-Reise. Am Ende haben Sie eine Gebetsrunde, in der Sie sich einmal ausschließlich auf das Danken konzentrieren. Und vielleicht stecken Sie sogar Ihre ganze Gemeinde mit dem Gedanken an, sodass sich alle gemeinsam auf den Weg machen wollen, Menschen zu werden, bei denen mehr Dankbarkeit wächst und gedeiht.

Wie auch immer: Bleiben Sie nicht alleine. Suchen Sie sich ein Team für Ihre Danke-Reise.

3. Geduld

Veränderungen geschehen langsam – auch die Veränderung zur Dankbarkeit. Wer von einem paradiesisch anmutenden Garten träumt, muss sich notgedrungen auf einen längeren Prozess einstellen. Schließlich schießen meterhohe Ziersträucher und Bäume nicht innerhalb einer Nacht in die Höhe. Nach der Entscheidung, einen Garten anzulegen, beginnt eine arbeitsreiche Phase, in der Plätze ausgewählt, Böden bearbeitet und Samen ausgebracht werden. Die kleinen, grünen Spitzen, die sich durch die Bodendecke arbeiten, müssen gewissenhaft gehegt und beschützt werden. Schädliche Einflüsse wie Unkrautranken, Schnecken oder unvorsichtige „Trampler" gilt es fernzuhalten. Nur dann haben die Zöglinge eine Chance zu wachsen. Natürlich dürfen regelmäßige gute Einflüsse wie Wasser, Dünger und ein paar nette Worte nicht fehlen. Und die wichtigste Zutat: Geduld.

Ohne Warten und eine gelassene Grundeinstellung kommt man nicht weit. Wer zu schnell zu viel erwartet, kann mit seiner Ungeduld mehr kaputt machen als fördern. Manchmal muss man dann von vorne anfangen, neu aussäen, neu begießen und nochmal warten, bis etwas wächst. Ähnlich ist es mit der Dankbarkeit – sie entsteht nicht von heute auf morgen, sondern muss gesät, gepflegt und beschützt werden, bis sie sich verselbstständigt, aufblüht und in einen natürlichen Kreislauf kommt.

4. Mut zum Neuanfang

Besonders wichtig für die Danke-Reise ist der vierte Punkt: Mut zum Neuanfang. Denn in den meisten Fällen wird Dankbarkeit nicht geradlinig wachsen, sondern sich in einem Auf und Ab langsam nach oben kämpfen. Es braucht den Mut, nach Rückschlägen wieder anzufangen und sich auf das Wesentliche zu besinnen.

Morgens bei Gundlachs (zum Glück nur manchmal): Erst ist alles ganz „chillig", dann wird es auf einmal hektisch. Alle müssen los. Für das Aufräumen ist die Zeit zu knapp. Beim Verlassen des Hauses lässt jede und jeder seinen Kram liegen. Das Kaninchen hat noch kein Futter bekommen und mit dem Hund war auch noch keiner draußen. Von Dankbarkeit keine Spur. Alle schleichen sich davon oder brummeln vor sich hin.

Jetzt ist der entscheidende Moment: Verharre ich (Martin) in meiner Miesepeter-Stimmung oder gelingt es mir, den Blick auf das zu richten, was mich auch in dieser Situation dankbar werden lässt: unsere Familie, unser Zuhause, das Leben selbst?

Mal klappt es, über alle kleinen Versäumnisse und Ärgernisse wegzusehen und in den „Dankbarkeitsmodus" zu kommen; auf das Gute zu sehen. Manchmal aber schleicht auch ein leise vor sich hin schimpfender Endvierziger aus dem Haus. Auf dem Weg zur Arbeit ärgere ich mich dann oft über mich. Warum haben Kleinigkeiten mich so aus dem Konzept gebracht? Warum rege ich mich immer wieder über dieselben Dinge auf?

Dann habe ich die Gelegenheit zum Neuanfang: ein Anruf bei meiner Frau, eine nette SMS an meine Töchter oder ein Gebet für uns alle. Das ist ganz unspektakulär, aber wichtig.

Eine Entscheidung – Unterstützer – Geduld – Mut zum Neuanfang. Das sind die vier unverzichtbaren Grundlagen für die Danke-Reise. Wir wünschen Entschlossenheit zur Entscheidung, fröhliche, motivierende Wegbegleiter, reichlich Ausdauer und genug Energie, um nach Rückschlägen wieder in die Spur zu kommen.

Fragen zum Weiterdenken:

 Neid, Konkurrenzdenken, Kleinlichkeit, Pessimismus und Missgunst – warum hat es die Dankbarkeit bei mir schwer?

Was hindert mich daran, ein dankbarer Mensch zu sein?

 Mit wem gemeinsam möchte ich auf die Danke-Reise gehen?

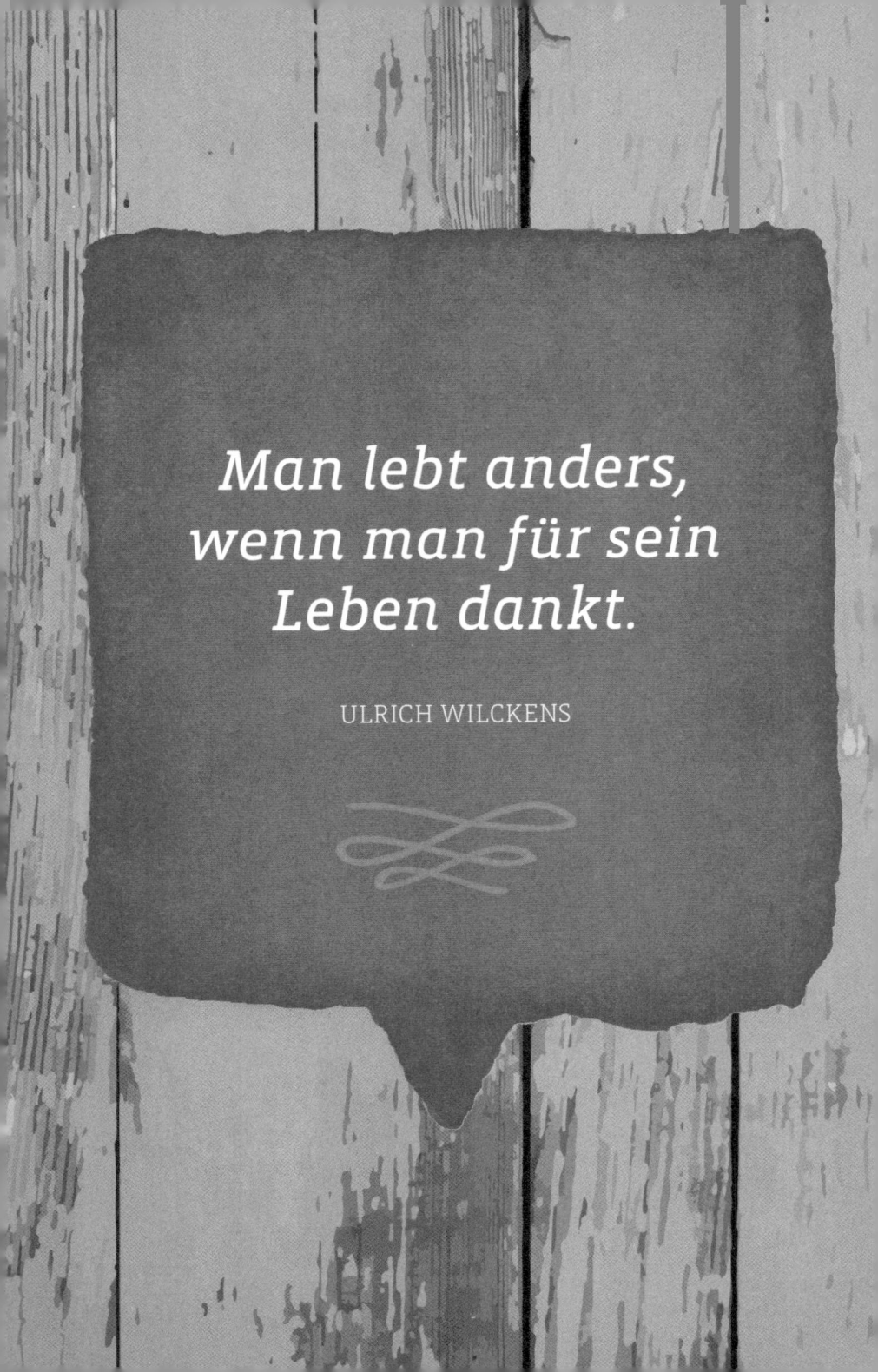

Man lebt anders,
wenn man für sein
Leben dankt.

ULRICH WILCKENS

GeDANKE 2

Dankbar für mich selbst

Der nächste Abschnitt der Reise zur Dankbarkeit beginnt bei uns selbst: Ich danke für mich! Es gibt einen Psalm, der sich genau mit dieser Fragestellung beschäftigt. Hier ein Ausschnitt daraus:

> *Herr, ich danke dir dafür, dass du mich so wunderbar und einzigartig gemacht hast! Großartig ist alles, was du geschaffen hast – das erkenne ich! Schon als ich im Verborgenen Gestalt annahm, unsichtbar noch, kunstvoll gebildet im Leib meiner Mutter, da war ich dir dennoch nicht verborgen. Als ich gerade erst entstand, hast du mich schon gesehen. Alle Tage meines Lebens hast du in dein Buch geschrieben –noch bevor einer von ihnen begann! (Psalm 139,14-16; HFA).*

Ist es egozentrisch, wenn ich mich über mich freue? Über mein Aussehen und meine Begabungen? Ja, das ist egozentrisch – wenn ich es meinem eigenen Konto gutschreibe: „Schaut mal alle her, ich bin ein toller Hecht!" Das führt nicht zu Dankbarkeit, sondern zu Selbstüberschätzung und Stolz. Und in die tiefe Krise, wenn sich erste Risse zeigen.

Doch der dankbare Blick auf mich, um den es uns hier geht, der bleibt nicht bei mir, sondern richtet sich auf meinen Schöpfer: Ich danke Gott, dass er mich wunderbar gemacht hat. Ich bin eines seiner Geschöpfe, schon „im Leib meiner Mutter" ein Unikat. Und auch wenn ich vielleicht nicht glücklich bin über alle Details bei mir, so bleibt doch wahr, was wahr ist: Ich bin eine Idee Gottes.

„Ich bin eine Idee Gottes" – das ist ein kurzer, schlichter Satz. Vielleicht schon oft gehört, vielleicht schon oft sehr oberflächlich behandelt. Es ist jedoch einer der Sätze, die unsere ungeteilte Aufmerksamkeit verdient haben. Nehmen Sie sich einmal Zeit, darüber nachzudenken und eine Weile sehr bewusst mit diesem Satz zu leben. Was heißt das: Ich bin eine Idee Gottes? Lassen Sie diesen Gedanken in sich Raum gewinnen. Spüren Sie der aufkeimenden Freude darüber in sich nach. Im Schöpfungsbericht, im ersten Buch Mose, wird Gottes Sichtweise auf seine Schöpfung kurz und kompakt zusammengefasst: „Und siehe, es war sehr gut!" (1 Mose 1,31; LUT). Das heißt auch: „Und siehe, sie war sehr gut!" Oder: „Und siehe, er war sehr gut!"

Und das gilt für die Außenansicht genauso wie für die Innenansicht meiner Person. Mein Körper, von Gott geschaffen, mit Haut und Haaren. Mein Geist, meine Seele, mein Verstand, ebenso von Gott geschaffen. Auch hier gilt das „Sehr gut!" Wir sind mit unserer ganzen Person als Ebenbild Gottes geschaffen. Wir ver-danken unser Leben und unser Sein dem Schöpfer von Himmel und Erde. Das ist eine unumstößliche Gewissheit, die uns die biblische Überlieferung deutlich macht. Das ist Zuspruch für unser Leben. Das ist auch Anspruch, wie wir mit uns umgehen. Und mit dem, was uns anvertraut und auch zugemutet wird.

Stärken und Schwächen – das ganze Paket gehört dazu

Mit einer positiven, dankbaren Einstellung zu mir und meinem Leben gebe ich den Dank an den Künstler zurück, der sich alle Details ausgedacht hat: die „straßenköterblonden" Haare vielleicht, eine Nase wie Cäsar oder Leberflecken bis zum Hals. Die schönen Augen, die weichen Lippen, den muskulösen Oberkörper …

Bei uns allen mischen sich dabei die Anteile, die wir an uns mögen, und die Seiten, die wir ganz furchtbar finden. Und das gilt nicht nur für die äußerliche Erscheinung, sondern auch für die inneren Werte, unsere Fähigkeiten und Defizite. Für unsere Begabungen, Ideen, Grenzen und Schwächen.

Mir (Martin) macht es beispielsweise riesig Spaß, Ideen zu entwickeln, etwas Neues auszuprobieren. Das Ganze aber bis zum Ende durchzuhalten oder es sogar zu einer guten Gewohnheit werden zu lassen, das ist meine Herausforderung. Ich bin eher ein Mensch für die ersten Kilometer.

Bei mir (Anja) ist es eher umgekehrt: Ich bin ein Mensch, der Dinge gern zu einem guten Ende bringt. Der nicht so kreativ oder schnell begeistert ist, dafür aber dann die Energie für die lange Strecke und auch die letzten Meter aufbringt.

Manchmal ergänzt sich das wunderbar. Manchmal ist die Unterschiedlichkeit auch Grund für Missstimmungen und Kontroversen. Entscheidend ist: Da, wo wir nicht nur uns selbst, sondern auch den anderen als Idee und Geschöpf Gottes sehen, da wächst das Verständnis und der Respekt für unser Gegenüber – und damit auch die Wertschätzung unserer eigenen Person und Position.

Es gibt eine sehr herausfordernde Geschichte im Neuen Testament, die deutlich macht: Wer seine Person, seine Begabungen und seine Talente nicht dankbar annimmt und einsetzt, bleibt nicht nur hinter seinen Möglichkeiten zurück. Sondern er vergeudet, auch in den Augen Gottes, sein Leben. Hier die Kurzversion der Geschichte, die sich in Matthäus 25 ab Vers 14 findet:

Ein Verwalter gibt seinen drei Knechten unterschiedliche Beträge und beauftragt sie, mit dem Geld etwas zu machen. Zwei investieren das ihnen anvertraute Geld, sind dabei erfolgreich und verdoppeln sogar die Summen. Der Dritte hat Angst vor dem Risiko. Er vergräbt sein Geld und investiert es nicht, bringt sich und sein Kapital nicht ein. Während die ersten beiden Lob und großzügigen Lohn erhalten, wird über den Dritten gesagt: „Auf dich ist kein Verlass und faul bist du auch noch! Werft diesen Nichtsnutz hinaus in die Finsternis.“

Dankbar für mich zu sein, das heißt: zu sehen und anzunehmen, was ich bin und was ich kann und was ich habe. Und genau daraus etwas zu machen.

Danke für mein Leben – von Anfang an

Der Dank für unser Leben beginnt ganz am Anfang, „im Leib meiner Mutter“, sagt Psalm 139. Denn dass wir überhaupt geboren worden sind, ist das erste Wunder unseres Lebens.

In den Jahren, in denen wir auf die Welt kamen (Martin 1965, Anja 1967), veränderten sich einige Rahmenbedingungen für das entstehende Leben. Als Mitte der 60er-Jahre der schwedische Journalist und Fotograf Lennart Nilsson seine einzigartigen Bilder von der Entwicklung eines Embryos im Mutterleib veröffentlichte, staunte die Welt: An den kleinen Embryonen war schon jeder einzelne Finger zu sehen. Mit seinem Buch „Ein Kind entsteht“ (1965) machte er das Wunder des neuen Lebens sichtbar. Faszinierend bis heute, immer wieder neu aufgelegt. Wer diese Bilder sieht, dem fällt es leicht, an den Schöpfergott zu glauben.

Zeitgleich eroberte die Antibabypille die (westliche) Welt und machte Zeugung und Geburt eines Kindes berechenbarer, planbarer und kontrollierbarer. Zwischen 1965 und 1975 sank die Geburtenrate deshalb rapide. Diese zehn Jahre sind der viel zitierte „Pillenknick", der heute die Bevölkerungsentwicklung vor so massive Probleme stellt.

Und noch ein anderer Fakt ist in diesem Zusammenhang bedenkenswert: Im Juni 1971 stellten sich 374 bekannte und unbekannte Frauen im Magazin „Stern" zur Parole „Wir haben abgetrieben", darunter die Schauspielerinnen Senta Berger und Romy Schneider. Auch wenn manche der Unterzeichnerinnen später einräumten, gar nicht abgetrieben zu haben, so ist das Erscheinen dieses Artikels doch ein Zeichen für eine Zeitenwende: Abtreibung wurde aus der gesellschaftlichen Illegalität langsam in die Normalität geholt. Viele Gedanken Gottes erblickten nie das Licht der Welt.

Nun könnte man zu jedem dieser Themenfelder ein eigenes Buch schreiben. Uns ist hier aber vor allem ein Gedanke wichtig: Dass wir ins Leben gekommen sind, ist alles andere als selbstverständlich. Und die Formulierung „Du hast mich schon im Mutterleib gesehen" erhält noch einmal einen anderen Klang.

Was will oder soll ich ändern? Was nehme ich zufrieden an?

Wenn wir diese allererste Hürde genommen haben, also geboren worden sind, ist auch nicht immer alles einfach. Vermutlich ist niemand komplett zufrieden mit seinem Körper, seinen Begabungen, seinen Fähigkeiten, seiner Herkunftsfamilie usw. Jeder würde gerne Dinge an sich ändern, beim Aussehen, in den Verhaltensweisen, vielleicht in der Fähigkeit, vor anderen zu sprechen oder einfühlsam zuzuhören.

Wer aber sagt mir nun, in welchen Bereichen ich mich weiterentwickeln soll und in welchen Bereichen es darum geht, dankbar mit meinen Grenzen zu leben? Zum Beispiel: Soll ich meine abstehenden Ohren operieren lassen – oder bleibe ich so, wie Gott mich nun mal geschaffen hat? Versuche ich zu lernen, mutiger auf andere zuzugehen – oder bin ich eben schüchtern? Investiere ich

Zeit ins Lernen, um auch komplizierte Sachverhalte zu verstehen – oder bin ich „einfach gestrickt"?

Auf diese Frage gibt es keine Pauschal-Antwort und eine einfache Antwort ohnehin nicht. Nehmen Sie sich deshalb Zeit, darüber nachzudenken. Sprechen Sie mit anderen Menschen darüber und hören Sie im Gebet auf das, was Gott dazu sagt.

Wenn Sie vom Typ her eher sehr aktiv und zupackend sind, dann kann es für Sie wichtig sein zu lernen, auch Ihre Grenzen zu akzeptieren. „So bin ich eben." Ich werde nie der ganz gelassene Mann sein. Ich werde nie ein großer Handwerker werden. Ich werde nie eine besonders gute Musikerin sein. So ist es dann halt.

Wenn sie dagegen vom Typ her eher zurückhaltend und passiv sind, geht der Weg für Sie in eine andere Richtung. Geben Sie sich nicht zu schnell zufrieden mit dem, was Sie bei sich vorfinden. Man kann eine Menge verändern. Unsportlich? Das muss nicht so bleiben, auch wenn Sie vielleicht nie einen Marathon laufen werden. Schüchtern? Vielleicht werden Sie nie der große Redner sein, aber seien Sie auch nicht einfach mit dem Ist-Zustand zufrieden. Dankbarkeit für das eigene Leben heißt nicht, dass alles so bleiben muss, wie es ist. Es geht vielmehr darum, mit einer dankbaren Grundhaltung auch kleine Schritte der Veränderung zu wagen.

So oder so, eher aktiv oder zurückhaltend: Nehmen Sie sich genügend Zeit zum Gebet, zum Nachdenken und auch für die Veränderung. Und dann gehen Sie dankbar voran auf Ihrem ganz persönlichen Weg.

Auf die Sichtweise kommt es an

Und wie gehe ich mit den Anteilen in meinem Leben um, die dunkel sind? Kann ich dankbar sein, wenn ich das Gefühl habe, dass es in meiner Kindheit nicht gut gelaufen ist? Wenn ich merke, dass ich keine guten Startbedingungen hatte? Wenn ich mit schwerwiegenden Einschränkungen in meinem Leben zu kämpfen habe?

Das sind schwierige Fragen und manchmal langwierige Prozesse. Es kommt darauf an, die Dinge richtig zu gewichten: nichts schön zu reden oder zu verdrängen, aber auch nicht nur bei den negativen Erfahrungen stehen zu bleiben.

In seinem lesenswerten Männerbuch *Lass los und pack zu* beschreibt der Pastor und Autor David Andreas Roth, wie er gelernt hat, mit den dunklen Seiten seiner Geschichte zu leben. Und auch in schwierigen Lebensabschnitten Dinge und Personen zu finden, für die er dankbar ist. Dabei ist seine Kindheit alles andere als einfach. Direkt nach seiner Geburt gab seine Mutter ihn in ein Heim und mit 18 Monaten wurde er von dort aus in eine Pflegefamilie gegeben. Er schreibt:

In der Pflegefamilie, in der schon zwei Kinder waren, lernte ich, mich einzuordnen und geschickt zu überleben, in dem ich mich „lieb Kind" machte. Ich hatte immer eine Außenseiterposition, war immer das unregelmäßige Verb im Vokabelheft der Familie, bin nie adoptiert worden. Beim Zerbruch der frommen Familie war ich 19 Jahre alt. Ich war das einzige der nun vier Kinder, das mit der Mutter ging, die, vorsichtig ausgedrückt, massive Probleme mit sich selbst hatte. Mein leiblicher Vater war nie mehr als das Wissen um die biologische Notwendigkeit eines solchen und die Sehnsucht, auch einen Vater haben zu wollen. Der Pflegevater war nicht um eine Beziehung zu mir bemüht ... Eine zweite Lesart meiner Lebensgeschichte könnte so aussehen: Meine Mutter kam aus einer rheinländisch-katholischen Familie, die eine gewisse Freiheit mit klaren Werten verband. Dass ich nicht abgetrieben wurde, ist von daher gut nachvollziehbar. Die Pflegefamilie, in die ich hineinkam, war freikirchlich geprägt. Es gab Großeltern, die intensiv für alle Kinder der Familie beteten. Über die Jahre hinweg habe ich viele Menschen kennengelernt, deren Glauben lebhaft und deren Leben glaubhaft war: die Religionslehrerin, die mich in der Grundschule begeistert hat, der Großvater, der klare Werte hatte und ein weites Herz, der Mitschüler, der katholischer Priester werden wollte und viele andere mehr. Mitten in meiner Identitätskrise begann ich wie bei den Labyrinträtseln in der Kindheit nach Verbindungen zu suchen und entdeckte mehr und mehr die Spuren Gottes.[4]

Auch in schwierigen Zeiten gibt es helle Momente. Auch in einem düsteren Umfeld gibt es irgendwo Hoffnungsmenschen, gibt es „Spuren Gottes" zu entdecken. Genau diese hat David Andreas Roth im Blick auf seine turbulente Herkunftsgeschichte gefunden. Er ist dankbar für seine Vergangenheit, zumindest für einige Anteile darin. Er ist dankbar für die Menschen, die ihm in einer schwierigen Gesamtsituation die Lichtblicke waren. Und ist deshalb versöhnt mit seiner eigenen Geschichte, weil er in ihr die Spuren Gottes findet. Eine großartige und nachahmenswerte Herangehensweise. (Und auch der Rest des Buches ist interessant für Männer ab 40.)

„Ich war dir, Gott, nicht verborgen." Dieses Psalmwort gilt für den Psalmbeter, für Anja und Martin Gundlach, für David Roth und auch für Sie!

Fragen zum Weiterdenken:

Wenn ich mein Inneres und Äußeres betrachte (meine körperliche und geistige Verfassung, meine Herkunft, meine Begabungen, meine momentane Lebenssituation, meine Arbeit usw.):

 Wofür bin ich spontan dankbar?

Wo fällt mir das Danken schwer?

 Womit kämpfe ich? Wie wäre ich gern? Warum ist es gut, dass ich bin, wie ich bin?

Was für ein Typ bin ich eher?

☐ Ich setze mich schnell sehr stark unter Druck. Ich will mich unbedingt verändern. Ich merke, dass es mir gut-täte, einige Anteile in mir gelassen anzunehmen und nicht gegen mich selbst anzukämpfen. Zu leben, wie Gott mich geschaffen hat.

☐ Ich lasse gern alles laufen. Ich merke, dass ich nicht das Beste aus dem mache, was ich bekommen habe. Es täte mir gut, Veränderungen anzugehen und mein Potenzial auszuschöpfen.

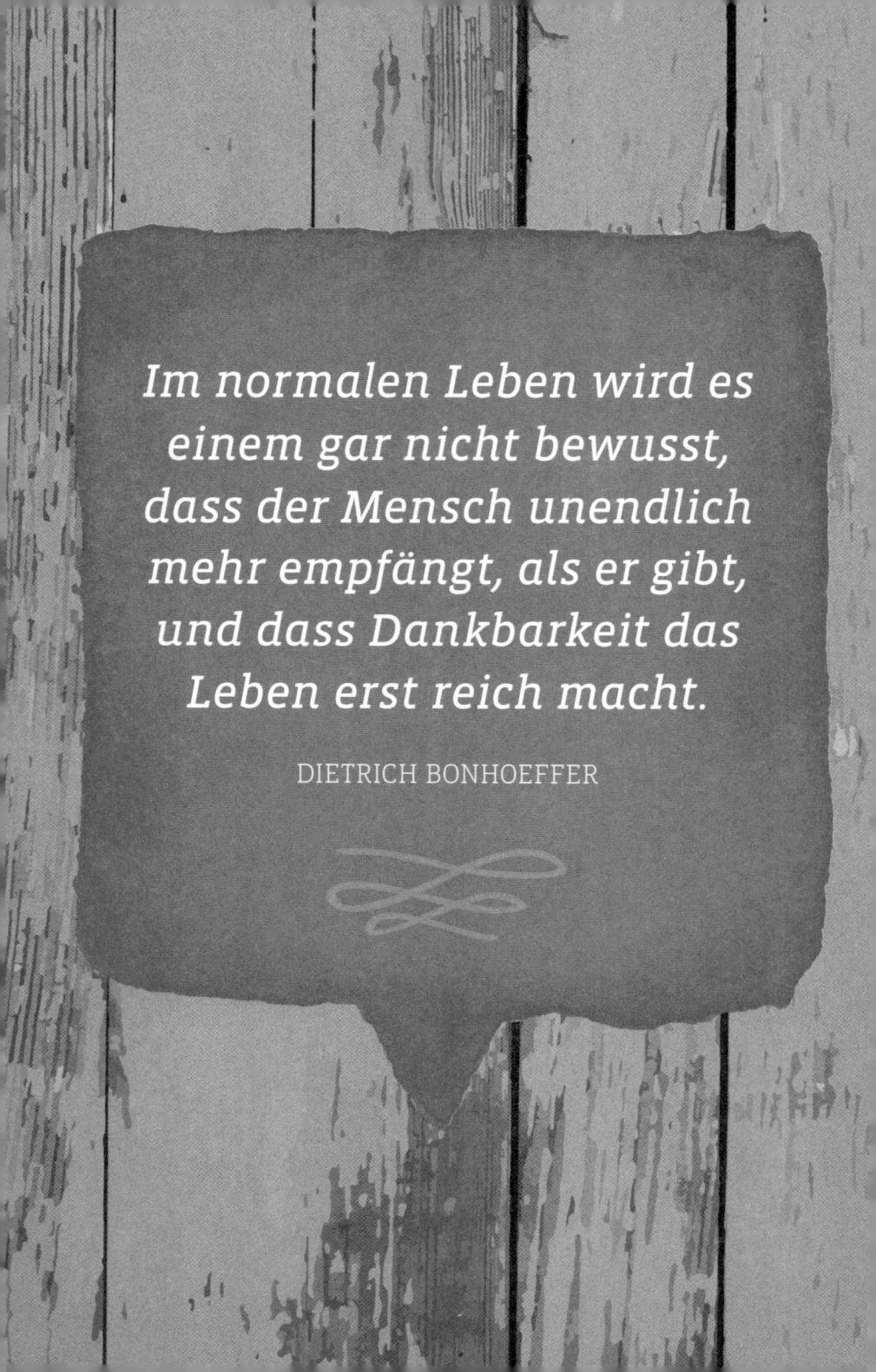

Im normalen Leben wird es einem gar nicht bewusst, dass der Mensch unendlich mehr empfängt, als er gibt, und dass Dankbarkeit das Leben erst reich macht.

DIETRICH BONHOEFFER

GeDANKE 3

Dankbar zurückblicken

Die dritte Etappe unserer Reise zu einem dankbaren Lebensstil beginnt: Wir richten den Blick jetzt auf das, was schon geschehen ist. In der Geschichte unseres Landes, in der Geschichte Gottes mit den Menschen, in unserer ganz persönlichen Geschichte.

Dieser Blick zurück zeigt zweierlei. Er macht deutlich, dass wir nicht bei null anfangen. Dass mit uns die Geschichte nicht erst beginnt und vermutlich auch nicht endet. Das kann uns gelassener im Hinblick auf manche Aufreger im Alltag machen. Zugleich bewirkt dieser Blick zurück auch die Einsicht, dass es viel Grund zur Dankbarkeit gibt.

Die besondere Geschichte unseres Landes

Das „Jahr der Dankbarkeit" beginnt im Oktober 2015 genau in den Tagen, in denen sich die deutsche Wiedervereinigung zum fünfundzwanzigsten Mal jährt. Eine friedliche Revolution hat das Land geeint. Für uns persönlich ist das ein ganz entscheidender Danke-Punkt. Denn vermutlich würden wir sonst als Ost-West-Ehepaar nicht zusammen sein! Sachsen-Anhalt (Anja) und Bayern (Martin) waren vor der Wiedervereinigung nicht kompatibel. Manchmal fragen wir uns, wo wir wären, wenn all das nicht geschehen wäre. Die deutsche Einheit ist für alle ein erstaunliches Geschehen, für uns persönlich ist sie ein lebensveränderndes Wunder.

Wir haben gerade in diesem Zusammenhang viel Grund zur Dankbarkeit: Ohne die „Revolution der Kerzen", ohne mutige Menschen und Kirchen, gäbe es in einer Hälfte Deutschlands keine Reisefreiheit, keine Meinungsfreiheit, keine Pressefreiheit, keine Demokratie. Die Wiedervereinigung hat dafür gesorgt, dass das Stasi-Spitzelsystem seine Macht verloren hat, dass Christen im östlichen Teil Deutschlands nicht länger benachteiligt werden, dass Willkür und Schikane keine Kraft mehr haben.

Nein, nicht alle Hoffnungen, die Menschen mit der Wiedervereinigung verbunden haben, haben sich erfüllt. Die versprochenen „blühenden Landschaften" sind nicht überall wie gewünscht entstanden. Einige Christen in der früheren DDR sind auch enttäuscht darüber, dass manches Trennende zwischen den Konfessionen, das in einer „Kirche in der Bedrückung" nicht so wichtig war, nach der Wiedervereinigung so an Bedeutung gewonnen hat.

Für mich (Anja) hat sich die Wiedervereinigung während meines Theologiestudiums ereignet. Wir waren überglücklich und sehr dankbar für die Veränderung in Richtung Freiheit und Demokratie. Aber diese Umwälzungen hatten auch schwierige Aspekte. So änderte sich das Verständnis des Pfarrerberufes komplett. Zu DDR-Zeiten standen Pfarrer im Grunde „qua Amt" eher auf der Seite der Benachteiligten der Gesellschaft. Jetzt sollten sie gut bezahlte Beamte werden. Das war für mich und viele andere nicht stimmig.

Und trotzdem: Wir haben nach unserem Empfinden vor allem Grund, für diese politischen Entwicklungen zu danken. Denn die Alternative wäre Trennung und Unfreiheit gewesen, Repression und Überwachung im Ostteil unseres Landes. Wer sich nicht mehr erinnern kann oder einmal in die Ost-Wirklichkeit eintauchen will, dem empfehlen wir das bewegende Stasi-Drama „Das Leben der anderen". Immer wenn wir diese DVD nach dem Schauen wieder ins Regal stellen, sind wir sehr, sehr dankbar für das Land, in dem wir heute leben!

Siebzig Jahre Frieden

Als ehemaliger Geschichtslehrer habe ich (Martin) im Unterricht vor allem über Auseinandersetzungen und Kriege gesprochen. Das sind die großen Zäsuren in der Menschheitsgeschichte, die Wendepunkte. Das sind aber vor allem auch die Katastrophen für Männer, Frauen und Kinder, für Familien, Land und Leute. Vernichtete Ernten, Hunger und Seuchen … Von diesen hässlichen und sehr realen Kriegsfolgen für die Betroffenen ist im Geschichtsunterricht allerdings weniger die Rede, da geht es hauptsächlich um die bloßen Fakten.

Wir kommen aus einer Kriegsvergangenheit: kleinere lokale Grenzkriege, militant-religiöse Kriege wie die Kreuzzüge im Mittelalter und der Bauernkrieg im 16. Jahrhundert. Epochale Dramen wie der 30-jährige Krieg und die Katastrophen des Ersten und Zweiten Weltkrieges. Der Boden, auf dem wir leben, hat schon viel Ungerechtigkeit und viel Blutvergießen erlebt.

Beim Blick auf alle diese Kriege merken wir: Wir haben viel Grund, für den Frieden in unserem Land zu danken. Seit 1945 gibt es keinen Krieg im deutschsprachigen Raum mehr. Wir leben in einer Friedensepoche, seit siebzig Jahren. Ja, gefährdeter Friede im Kalten Krieg. Ja, umkämpfter Friede zu RAF-Zeiten und auch danach immer wieder. Aber insgesamt Friede.

Für unsere Generation und die unserer Kinder ist dieser Zustand selbstverständlich. Eine Tatsache, über die wir uns im Alltag kaum Gedanken machen. Wir kennen es nicht anders, es ist für uns Normalität. Den Älteren, die den Krieg noch erlebt haben, fällt es hingegen leicht, für den Frieden zu danken.

Dankbar, heute hier in Frieden zu leben, werde ich (Martin) vor allem, wenn ich historische Aufnahmen von zerbombten Städten oder den Schützengräben im Ersten Weltkrieg sehe. Natürlich ist nicht alles gut. Natürlich können wir uns vielleicht auch nur „halbherzig" über den Frieden bei uns freuen, weil an vielen anderen Stellen unseres Planeten Krieg herrscht. Und natürlich essen wir unser Brot nachdenklich, wenn es auf der anderen Seite des Erdballs an allem fehlt. Dazu an anderer Stelle mehr, wenn es im Kapitel 10 um „Dankbar leben in schwierigen Zeiten" geht.

Trotzdem laden wir Sie heute zum Danken ein – für das Geschenk des Friedens bei uns. Denn wenn wir uns dankbar daran freuen, wird uns klar: Wir haben diesen Zustand nicht verdient. Es ist ein Privileg, so zu leben. Und es ist ein Privileg, in einer Umgebung zu leben, die eine freie Ausübung des Glaubens ermöglicht. Für uns eine Selbstverständlichkeit, die wir oft aus dem Blick verlieren. Für unsere Mitchristen in Nigeria, Indonesien und vielen anderen Ländern eine unvorstellbare Sehnsuchtsvision. Aus dieser Dankbarkeit kann dann Mitgefühl und Engagement für diejenigen erwachsen, die in schwierigeren Bedingungen leben.

Gottes Geschichte mit den Menschen

Wenn wir noch einen Schritt weiter zurückgehen, kommt die Geschichte Gottes mit den Menschen in den Blick. Und auch da wächst Dankbarkeit. Es lohnt sich, einmal die großen Linien in der Bibel nachzuverfolgen, von der Schöpfung am Anfang bis zur Offenbarung ganz am Ende. Von Abraham, Isaak und Jakob über Mose, David und die Propheten bis hin zu Jesus und der Entstehung der ersten Gemeinden wird deutlich: In Treue, Geduld, mit Barmherzigkeit und Güte schreibt Gott seine Geschichte mit uns. Eine Geschichte der Gnade, der Zuwendung – zunächst für Israel und dann für den Rest der Menschheit. Und auch die letzten 2000 Jahre zeigen das.

Es gibt darüber hinaus noch eine andere „Geschichtsschreibung", eine persönliche, die dankbar werden lässt: dass Gott nämlich quer durch alle Zeiten auch jedes einzelne seiner menschlichen Geschöpfe beschenkt hat mit einer großartigen, einzigartigen und persönlichen Lebensperspektive. Die sieht in der Konkretion bei jedem anders aus. Aber einige Geschenke gelten für alle gleich und sind wohl auch mal eine Danke-Party wert.

- Gott ist real.
- Gott schenkt Befreiung von Schuld.
- Gott gibt dem Leben Sinn.
- Gott erweitert die Lebensperspektive über den Tod hinaus.

Jeder einzelne dieser knapp zusammengefassten Punkte ist eigentlich eine Sensation: lebensrettend, lebensstiftend und lebensfördernd. In der Summe erlauben sie nur eine Bilanz: „Barmherzig und gnädig ist der Herr, groß ist seine Geduld und grenzenlos seine Liebe" (Psalm 103,8; HFA). Und darum ist auch nur eine Reaktion angemessen: Dankbarkeit!

Meine persönliche Geschichte

Dankbarkeit schließlich wächst nicht nur in der Betrachtung der Geschichte und der großen Linien Gottes in dieser Welt und unserem Land. Sie entsteht nicht nur, wenn ich das bedenke, was er jedem Menschen schenkt. Denn die

Linie geht noch weiter, vom ganz Großen ins ganz Persönliche: Auch beim Blick auf mein eigenes Leben kann Dankbarkeit wachsen.

Der Psalmbeter drückt das so aus: „Ich will den Herrn loben und nie vergessen, wie viel Gutes er mir getan hat!" (Psalm 103,2; HFA). Er ist in Gedanken und Worten ganz bei den Geschenken Gottes für das eigene Leben: „Barmherzig und gnädig ist der Herr, groß ist seine Geduld und grenzenlos seine Liebe" (Vers 8, HFA).

Wie kann ein Mensch so positiv über seine eigene Geschichte reden? Hat er denn von all den Unannehmlichkeiten, die unser Leben auch ausmachen, nichts wahrgenommen? Ist er verschont worden von Leid und Unglück?

Nein, auch der Psalmist spricht von Schuld, von Krankheit (Vers 3), vom Kampf mit dem Tod (Vers 4), von Unterdrückung (Vers 8), von Sünden und Verfehlungen (Vers 10). Er ist einer von uns! Er weiß um die eigene Zerbrechlichkeit und Vergänglichkeit. Und trotz alledem ist er dankbar, wenn er auf die eigene Geschichte blickt. Der Schlüssel ist seine Entscheidung, sich unter die Hand Gottes zu stellen und darauf zu vertrauen, dass Gott seine Zusagen auch einhält: „Der Herr hält Wort!" (Vers 6; HFA).

Dass Gott in unserem Leben den Grundstein legt, dass er Wort hält, dass er barmherzig und gnädig ist, dass er Schuld vergibt und uns mit seiner Güte und Liebe umgibt – das ist der Nährboden, auf dem Dankbarkeit für unser eigenes Leben wachsen kann. Dann kann ich mich ganz persönlich der Frage stellen: Wo bin ich dankbar für die Wege Gottes mit mir?

Ich (Martin) sehe viele Linien in meinem Leben, die Geschenke Gottes sind: meinen Beruf, meine Ehe, meine Kinder, Freunde. Ich sehe auch schwierige Zeiten und Krankheiten in unserer Familie und in meinem eigenen Leben. Nein, ich bin nicht dankbar für diese Zeiten, aber ich bin dankbar für das, was ich in diesen Zeiten gelernt habe. Auch wenn es manchmal zäh ist und Kämpfe beinhaltet, weiß ich: Gott hält mich. Er führt mich seinen Weg. Er schenkt ein erfülltes Leben. Dafür danke ich ihm.

Ich (Anja) weiß noch genau, dass ich aus Anlass meines 40. Geburtstags so eine Art „Lebensbilanz" geschrieben habe. Diese Rückschau habe ich mit einem Zitat von Dietrich Bonhoeffer beendet: „Im normalen Leben wird es einem oft gar nicht bewusst, dass der Mensch unendlich viel mehr empfängt, als er gibt, und dass Dankbarkeit das Leben erst reich macht." Dieser Eindruck hat sich in den letzten Jahren bei mir noch vertieft. Wenn ich auf mein Leben zurückschaue, dann sehe ich viel Grund zur Dankbarkeit. Dabei mischt sich natürlich auch Schönes und Schwieriges. Ich bin dankbar für meine DDR-Geschichte, mein Elternhaus, meinen Mann und meine Familie, für viele gute Freunde, für unsere Gemeinde, für unser materielles Auskommen.

Ich bin auch dankbar für die Krisenzeiten in meinem Leben, denn in ihnen hat sich Gottes Treue besonders gezeigt. Ich bin dankbar dafür, dass ich durch die Herausforderungen in meinem Leben gewachsen und nicht daran zerbrochen bin. Auch das empfinde ich als Geschenk und danke Gott dafür.

Und die dunklen Punkte?

Der Psalmist blendet also auch die dunklen Punkte in seinem Leben nicht aus. Er benennt Krankheit und Kampf, Tod und Unterdrückung. So sind auch wir weit davon entfernt, die schwierigen Phasen unseres Lebens „wegzudanken". In schweren Zeiten ist es erlaubt zu trauern, zu klagen. Auch im Rückblick sollte man sie nicht verklären. Sie bleiben schlimm, schwierig, traurig, unverständlich.

Nichts ist dann weniger hilfreich als ein „künstliches Danken", das nur dazu dienen soll, die Trauer, die Verwirrung, den Schmerz oder die Wut zu verdrängen. In Kapitel 10 beschreiben wir ausführlicher, wie sich auch in Krisenzeiten manchmal kleine „Danke-Löcher" öffnen. Dieses dritte Kapitel ist aber vor allem eine Einladung. Die Einladung, zurückzublicken und dankbar die eigene Lebenssituation anzunehmen.

Fragen zum Weiterdenken:

 Habe ich schon einmal für die Lebenssituation in unserem Heimatland gedankt?

Für welche Abschnitte kann ich keine Dankbarkeit empfinden?

 Was sind meine Gefühle im Hinblick auf den Mauerfall und die Wiedervereinigung?

Welche Linien entdecke ich in meinem persönlichen Leben, für die ich dankbar bin?

GeDANKE 4

Dankbarkeit im kleinen Kreis

Nachdem sich in den letzten Kapiteln der Fokus vor allem auf die eigene Geschichte gerichtet hat, geht der Blick jetzt auf die nahe Umgebung. Das Danken, das bis jetzt eher in mir stattgefunden hat, wendet sich nun auch nach außen. Im doppelten Sinne: Ich werde dankbar für die Menschen, mit denen ich lebe. Und zum anderen: Ich zeige ihnen meine Dankbarkeit.

Überhaupt ist das beste Übungsfeld für einen Danke-Stil unser nächstes Umfeld: unser Ehepartner, unsere Kinder. Die Leute in der WG. Die Nachbarn. Die Menschen, mit denen wir an unserem Arbeitsplatz täglich zu tun haben, vielleicht ein Büro teilen. Mit denen wir stundenlang in Fahrgemeinschaften unterwegs sind. Also: die Menschen, die wir Tag für Tag sehen und die wir besser kennen (und die uns besser kennen) als alle anderen.

Doch gerade wegen dieser Nähe liegt hier auch eine besondere Herausforderung. Die Mitglieder unserer Familie etwa merken auf jeden Fall, ob wir echt sind oder ob wir nur an der Inszenierung unserer Person arbeiten. Sie wissen, ob wir wirklich dankbar sind oder nur „dankbar spielen".

Dankbar für jeden im Haus

Dankbar zu Hause leben, heißt vor allem und erst einmal: jeden Mitbewohner dankbar als Gottesgeschenk annehmen. Jede und jeden zu verstehen als Bereicherung, als Ergänzung, auch als Lernfeld und Herausforderung.

Die Dankbarkeit dafür wird konkret in Einstellungen, in Worten und in Taten. Diesen Dreiklang werden wir auf unserer Danke-Reise immer wieder entdecken. Der Liederdichter Martin Rinckart beschreibt ihn schon im frühen 17. Jahrhundert so: „Nun danket alle Gott – mit Herzen, Mund und Händen."

Nun danket alle Gott
mit Herzen, Mund und Händen.
Der große Dinge tut
an uns und allen Enden,
der uns von Mutterleib
und Kindesbeinen an
unzählig viel zu gut
bis hierher hat getan.

Das heißt in heutigem Deutsch: Wenn wir unseren Dank Gott gegenüber ausdrücken wollen, dann zeigt er sich in drei Bereichen: in unserer Herzenshaltung, in dem, was wir sagen, und in dem, was wir tun. Und das beginnt im Zusammenleben in unserem engsten Umfeld. Herzenshaltung, Worte und Taten entscheiden, ob in unserer Ehe, unserer Familie oder unserer Nachbarschaft ein Klima der Dankbarkeit wächst.

Herz, Wort, Tat – wir glauben, dass es wichtig ist, in jedem dieser Bereiche zu wachsen und gerade hier eine dankbare Lebenshaltung einzuüben.

Die Herzenshaltung

Die Herzenshaltung ist das alles Entscheidende. Sie ist der Ausgangspunkt für alles, was wir sagen oder tun: „Wes das Herz voll ist, des geht der Mund über. Ein guter Mensch bringt Gutes hervor aus dem guten Schatz seines Herzens" (Matthäus 12,34-35; LUT). Und das gilt auch für die Dankbarkeit. „Behüte dein Herz mit allem Fleiß, denn daraus quillt das Leben" (Sprüche 4,23; LUT).

Mit der folgenden Einstellung wächst eine dankbare Herzenshaltung: „Gott, jeder Mensch in unserer Familie ist ein Geschenk an mich. Jeder von uns ist ein Unikat aus deiner Hand. Mit diesem Geschenk willst du mein Leben bereichern. Jede und jeder fügt durch seine Persönlichkeit unserer Familie etwas Besonderes hinzu, ist eine Ergänzung für uns alle. Danke dafür!"

Im Moment, in dem ich (Martin) das hier schreibe, fallen mir natürlich tausend Situationen ein, in denen ich das gar nicht oder nur mit Mühe hätte sagen oder beten können. Manchmal ist die Ergänzung durch den anderen ja auch eine riesige Herausforderung. Wenn sich unterschiedliche Prioritäten aneinander reiben – etwa ein unterschiedliches Verständnis von Ordnung und Sauberkeit oder verschiedene Erziehungsstile –, dann empfinden wir einander oft eher als Zumutung und nicht als gottgegebene Ergänzung.

Trotzdem behält der Satz seine Richtigkeit: Jeder Mensch in meinem Umfeld ist ein Geschenk Gottes an mich. Wichtig ist aber nicht, das als richtig abzunicken, sondern diese Wirklichkeit in mir leben zu lassen.

Das gilt natürlich auch für diejenigen, die als Singles oder als Alleinerziehende unterwegs sind. Die Herzenshaltung wächst, wenn ich mir all die guten Dinge in Erinnerung rufe, die ich zum Beispiel von meinen WG-Partnern schon gelernt habe. Wenn ich all die schönen Erlebnisse mit meinen Freundinnen oder Freunden nicht vergesse, sondern mir diese Erfahrungen immer wieder ins Gedächtnis hole – und so die Herzensverbindung verstärke.

Für uns alle gilt: Eine dankbare Herzenshaltung braucht Zeit und Raum zur Entfaltung. Sie braucht Nahrung, indem ich mir die anderen immer wieder als Gottesgeschenke in Erinnerung bringe. Sie braucht Aufmerksamkeit für die guten Dinge und Entwicklungen, die wir schon gemeinsam erlebt haben. Sie braucht das dankbare Gebet, für jeden Einzelnen von uns und für uns als kleine Gemeinschaft.

Danke sagen – aber richtig

Unsere Herzenshaltung ist die Grundlage für unsere Worte. Klar, wir können auch Dinge sagen, die nicht in uns leben. Wir können uns verbiegen, schauspielern oder Dankbarkeit heucheln. Das aber ist anstrengend, macht uns langfristig unzufrieden und krank. Und gerade in unserem engsten Umfeld werden wir damit nicht dauerhaft durchkommen. Dazu kennen wir einander zu gut.

Noch einmal der Bibelvers aus Matthäus 12,34 : „Denn wovon das Herz voll ist, davon redet der Mund" (GNB). Das stimmt für unsere kritischen, ängstlichen, sorgenvollen Gedanken genauso wie für unsere dankbaren und ermutigenden. Es ist normal, dass unsere Herzenshaltung und unser Denken das

Reden bestimmen. Dadurch prägen wir das Klima in unserem Umfeld. Deshalb ist es so wichtig, den Dank auch in Worten auszudrücken!

Wenn wir einander aufrichtig danken wollen, dann sollten wir darauf achten, dass und wie der andere unseren Dank verstehen kann. Der amerikanische Autor Gary Chapman hat mit seinem Buch *Die fünf Sprachen der Liebe* vielen Menschen geholfen, ihre Liebe so auszudrücken, dass der Partner sie auch versteht und auf sich bezieht. Damit hat er vielen Paaren und Familien einen guten Weg eröffnet, die vorher einfach aneinander vorbeigeredet und -gehandelt haben.

Er beschreibt fünf unterschiedliche Arten, Liebe auszudrücken:

- Lob und Anerkennung
- Zweisamkeit
- Geschenke
- Hilfsbereitschaft
- Zärtlichkeit

Diese fünf Arten kann man gut auf das Thema Dankbarkeit anwenden. Auch hier geht es darum herauszufinden, welche „Dankbarkeitssprache" mein Gegenüber spricht. Besonders in der Familie ist es wichtig, zu wissen, was der andere braucht und sich wünscht. Danken hat auch hier mit Denken zu tun: Wer nicht nachdenkt, wie der andere in diesem Punkt tickt, lebt oft in lang andauernden Missverständnissen. Und das ist einfach schade!

Ein paar Beispiele: Sie wollen sich bei Ihrer Frau bedanken, deren Dankbarkeitssprache tätige Mithilfe ist. Statt den Rasen zu mähen oder das Gartenhaus zu streichen, schenken Sie ihr einen Blumenstrauß. Und verstehen gar nicht, warum sie mit ihrer Freude so zurückhaltend ist. Ganz einfach, weil sie denkt: „Das mit den Blumen ist ja ganz nett, aber ein gemähter Rasen wäre mir lieber gewesen ..."

Oder umgekehrt: Sie rackern sich im Haus ab, Ihre Frau aber wartet auf Blumen: „Einfach mal so, als ein kleines Dankeschön zwischendurch, wie schön und romantisch das wäre ..." Und Sie wundern sich, warum Ihre Arbeit nicht wertgeschätzt wird. Dabei ist die Lösung eigentlich ganz einfach: Wir müssen nur verstehen, wie der andere tickt, und das Wissen dann in die Tat umsetzen.

Sie schenken Ihrem Teenagersohn ein neues Computerspiel als kleines Dankeschön für seine Mithilfe beim Renovieren. Vielleicht hätte er sich über einen gemeinsamen Stadion-Besuch viel mehr gefreut, weil er das Zusammensein mehr mag als Geschenke. (Oder andersherum.)

Sie laden eine gute Freundin zum Frühstück ein – und haben komplett vergessen, dass sie nie vor Mittag etwas isst. Sie schenken Ihrem Kollegen als Dankeschön für die Autoreparatur eine Karte für das Stadion, aber haben nie gefragt, ob er sich wirklich für Sport-Events interessiert.

Vor dem Danke steht immer das echte Interesse daran, wie der andere tickt. Dann wird sich das richtige Danke finden, das den anderen wirklich freut und erreicht.

Viele Männer sind in ihrer Danke-Sprache einfach gestrickt: Sie wollen ab und zu hören, dass das, was sie tun, geschätzt und dankbar gesehen wird. „Vielen Dank, dass du Tag für Tag für uns arbeitest. Danke, dass du dich so in unsere Familie investierst. Danke, dass du dich so dafür einsetzt, dass wir gut versorgt sind." Bei solchen Sätzen bekommen die meisten Männer Gänsehaut, und sie bedeuten ihnen oft mehr als Geschenke.

Unabhängig von der jeweiligen Danke-Sprache ist es immer richtig, den Dank auszudrücken. Eben auch für das, was Tag für Tag passiert. „Danke, dass du jeden Tag kochst. Danke, dass du mich jeden Tag von A nach B fährst. Danke, dass ihr jeden Tag unser Haustier versorgt. Danke, dass ..."

Es ist so wichtig, auch kleinere, regelmäßige Tätigkeiten bewusst wahrzunehmen. Oft wird das, was in der Alltagsroutine passiert, übersehen. Dabei füllt genau das unsere Stunden und Tage.

Tätig danken

Herz, Wort, Tat gehören unauflösbar zusammen. Die Taten aber sind am Ende vielleicht doch das Entscheidende. Denn was nützen eine Herzenshaltung und dankbare Worte, wenn keine Taten daraus entstehen?

- Kleine Kinder sind oft die Meister dieser kleinen Taten. Sie malen Bilder und verschenken sie. Sobald sie die ersten Buchstaben können, schreiben sie in krakeliger Schrift „Danke Mama"-Briefchen. Sie berühren uns in ihrer Ursprünglichkeit. Unverfälschter Dank, ohne Eigeninteressen, ohne Taktik.

- Liebe geht durch den Magen, Dankbarkeit auch. Jemanden zum Essen einzuladen und so Danke zu sagen, ist eine gute Idee für tätigen Dank. Anja gibt mir (fast) jeden Tag ein leckeres Mittagessen mit, das ich mir in der Mikrowelle unseres Verlagshauses warm mache. Eine Kleinigkeit? Nein. Ich weiß, sie macht das, um mir eine Freude zu machen und sich bei mir dafür zu bedanken, dass ich durch meine Arbeit einen Großteil unseres Familieneinkommens hereinhole.

- Es gibt viele Menschen, denen der Gedanke fremd ist, Geld zu verleihen oder zu verschenken. „Beim Geld hört die Freundschaft auf", lautet ein geflügeltes Wort. Nein, würden wir sagen: Beim Geld fängt die Freundschaft an. Das haben wir als Gebende und als Nehmende schon erfahren. Gewachsen ist dankbare Verbundenheit.

Praktisch unterstützen. Im Garten helfen. Kinder abholen. Handwerkliche Hilfe … Es gibt keine Grenzen für praktische Hilfe. Oft entsteht sie aus selbst erlebter Dankbarkeit: „Ich weiß doch noch, wie es war, als bei mir die Kinder noch klein waren." Oder: „Ich war so froh, als andere mir in einer schwierigen Zeit regelmäßig ein Mittagessen gekocht haben. Und ich freue mich, dass ich das jetzt für dich tun kann."

Ein Kreislauf

Dankbare Taten schaffen dankbare Taten schaffen dankbare Taten schaffen dankbare Taten schaffen dankbare Taten. Ein wunderbarer Kreislauf!

Am Ende zählen unsere Taten mehr als die Worte. Nein, sie ersetzen sie nicht. Aber nur wenn Taten folgen, erhalten die Worte Gewicht. Bei Dankesbekundungen können wir unsere Dankbarkeit vielleicht noch vorspielen. Wenn es um Taten geht, können wir langfristig nicht mogeln.

Jesus erzählt zum Verhältnis von Wort und Tat folgende Geschichte:

„Ein Mann hatte zwei Söhne. Er ging zu dem einen und sagte: ‚Mein Sohn, geh und arbeite heute im Weinberg!' – ‚Ich will aber nicht', erwiderte dieser. Später bereute er seine Antwort und ging doch. Der Vater

wandte sich mit derselben Bitte auch an den anderen Sohn. ‚Selbstverständlich, Vater', erwiderte dieser, aber dann ging er doch nicht. Wer von den beiden hat nun getan, was der Vater wollte?' – „Der erste", antworteten sie. Da sagte Jesus zu ihnen: „Ich versichere euch: Die Zolleinnehmer und die Huren kommen eher ins Reich Gottes als ihr. Denn Johannes ist gekommen und hat euch den Weg der Gerechtigkeit gezeigt, und ihr habt ihm nicht geglaubt. Die Zolleinnehmer und die Huren dagegen haben ihm geglaubt. Ihr habt es gesehen, und trotzdem wart ihr nicht einmal nachträglich bereit, eure Haltung zu ändern und ihm zu glauben" (Matthäus 21,28-32; NGÜ).

Im Klartext heißt das: Du kannst sagen, was du willst. Es kommt darauf an, was du am Ende tust. Und das gilt auch für das Thema Dankbarkeit.

Es beginnt bei uns selbst

Die Einwände lassen nicht lange auf sich warten. „Ein Danke-Klima – wenn das so einfach wäre!" Stimmt, es gibt eine ganze Reihe von Gründen, warum unsere Ehen, unsere Familien, unsere Nachbarschaften und WGs keine Oasen der Dankbarkeit sind. Ein Grund dafür liegt in uns: Selbst wenn wir uns bewusst auf den Weg zur Dankbarkeit machen, verläuft unsere Straße nicht gerade. Es geht hoch und runter, vor und zurück. Wir lernen langsam, wir bleiben Menschen mit Macken, wir scheitern und versuchen es noch einmal. Das ist ganz normal, alle wissen das, nur ich selbst bin manchmal blind für mich. Ich bin kein Super-Mensch, ich mache Fehler, ich wachse langsam.

Wir beide mögen im Hinblick auf unsere Lebensumgebung das Wort „gedeihen". Es atmet die Langsamkeit und die Gelassenheit, die diesem Wachstumsprozess innewohnt. Wir hoffen, dass bei uns etwas gedeiht. Der wache Blick auf uns selbst hält uns am Boden, wenn wir uns über die Undankbarkeit anderer Menschen aufregen. Und das kommt bei uns allen vor, natürlich.

- Wenn der Teenagersohn alles ist, nur nicht dankbar. Wenn er ständig fordert und immer wieder der Satz zu hören ist: „Alle anderen haben doch auch …"

- Wenn der Ehepartner den Danke-Stil als Psycho-Spielerei verspottet. „Das muss doch wirklich nicht sein. Du weißt doch, dass ich dir grundsätzlich dankbar bin. Das muss ich doch nicht ständig sagen."

- Wenn Nachbarn kleinlich sind und auch auf nette Zuwendung und Dankbarkeit nur unfreundlich oder gar nicht reagieren.

- Wenn man immer der gleichen Kollegin nacharbeitet – und diese es gar nicht merkt ...

Sie können die Liste sicher aus Ihrer eigenen Familie und Umgebung ergänzen. Und es ist tatsächlich so: Ich kann einen Stil der Dankbarkeit nur leben, nicht anordnen. Allein formalen Dank kann ich einfordern: „Sag Danke zu Oma!" heißt das bei den Kleinen. „Du könntest dich wenigstens bedanken dafür, wenn ich dich mitten in der Nacht abhole!" bei den Teenagern. Was folgt, ist meistens ein gequältes „Dnk", bevor die Tür ins Schloss fliegt. Für Mütter und Väter oft schwer zu ertragen. Ist es wirklich das, was wir wollen?

Auch Ehen können in die Krise rutschen, wenn einer von beiden nicht dankbar ist, sondern fordernd, kleinlich und berechnend. Das passiert manchmal gerade dann, wenn der andere Partner sich ein Klima der Dankbarkeit nicht nur wünscht, sondern selbst auch aktiv lebt. Und sich das natürlich auch von seinem Ehepartner erhofft.

Es gibt keine einfache Lösung: Wir können den Danke-Stil nur selbst leben und darauf hoffen und dafür beten, dass unser Reden und Tun unsere Umgebung verändert. Dass es Kraft und Wirkung entfaltet. Dass das, was wir säen, an der einen oder anderen Stelle aufgeht.

Es ist eine Herausforderung, zuerst selbst ein Danke-Mensch zu werden. Es ist eine Berufung, ein wenig zu leuchten in der kleinen Welt, in der jede und jeder von uns lebt. Und wo dann viele kleine Lichter einen Straßenzug, einen Stadtteil oder ein Dorf zum Leuchten bringen!

Wir mögen das Danke-Experiment der Autorin Christina Brudereck, das sie in der Zeitschrift „JOYCE" veröffentlicht hat. Sie dokumentiert zwei Stunden eines Sonntags – im Danke-Modus. Lassen Sie sich anstecken!

Danken mit Worten und Taten, was fällt mir leichter? Warum fällt mir eins schwerer als das andere?

Kenne ich meine „Sprache der Dankbarkeit"? Anders gefragt: Wenn mir jemand danken will, über welche Form freue ich mich besonders? Und: Wissen die Menschen in meinem Umfeld, was ich besonders mag?

Liste 1:

Welche Danke-Sprachen sprechen die Leute in meiner Umgebung? Wie verstehen sie am besten, wenn ich ihnen danken will?

1.

2.

3.

4.

5.

Liste 2:

Tätig danken – das will ich in den nächsten 14 Tagen in meiner Ehe, Familie und meinem engsten Umfeld tun, und zwar so:

1.

2.

3.

4.

5.

Dankbarkeit ist das Gedächtnis des Herzens.

AUTOR UNBEKANNT

GeDANKE 5

Den Danktank füllen – in der Stille

Aus den ersten vier Kapiteln wird deutlich: Wer ein dankbarer Mensch werden will, trifft eine grundsätzliche Entscheidung für diesen Weg. Diese Entscheidung ist die Voraussetzung für Veränderung. Das ist aber nicht die ganze Wahrheit. Denn der Alltagstest zeigt (zumindest bei uns): Der Danke-Lebensstil ist flüchtig. So ist es vermutlich bei den meisten, denen eine Haltung der Dankbarkeit nicht in die Wiege gelegt worden ist. Kaum jemand entscheidet sich einmal dafür, ein dankbarer Mensch zu sein – und bleibt es dann einfach für den Rest seines Lebens.

Es ist beim Danken ähnlich wie beim Autofahren: Ist der „Danktank" voll, dann ist man damit eine Weile gut unterwegs. Aber irgendwann ist der Tank leer. Der Blick, der eben noch auf die Geschenke Gottes in unserem Leben gerichtet war, sieht plötzlich wieder die herumliegenden Socken der Kinder und die Bartstoppelreste des Göttergatten im Waschbecken. Dann wandern die Gedanken zur kranken Freundin und hin zur weltweiten Ungerechtigkeit. Der Ärger über den borniierten Kollegen steigert noch den bereits vorhandenen Unmut über die Überforderung am Arbeitsplatz. Jeder von uns kennt die Momente, in denen einem nach allem anderen zumute ist, nur nicht nach Danken. Und solche Momente, Menschen und Situationen wird es immer geben. Was können wir da tun?

Es gibt unserer Erfahrung nach zwei gute Möglichkeiten, den Danktank aufzufüllen. Die eine ist ruhig und findet eher in der Einsamkeit und Stille statt. Die andere vollzieht sich in Gemeinschaft und ist mit mehr Lautstärke verbunden. Die eine Form ist der Rückzug – um den geht es in diesem Kapitel. Die andere

Möglichkeit ist das Zusammensein mit anderen. Dazu dann mehr im nächsten Kapitel.

Wir denken, dass den meisten von uns dabei eine der beiden Tankstellen typmäßig näherliegt. Die eine freut sich seit Wochen auf die Stille-Tage. Die andere ist froh, wenn es nicht zu ruhig wird. Der eine freut sich auf einen lauten Lobpreisabend, der andere ist glücklich, wenn er abends keinen Menschen mehr sehen muss und im Rückzug und Alleinsein auftanken kann. Doch wir sind überzeugt, dass jede und jeder von beiden Möglichkeiten profitieren kann.

Der Rückzug in die Stille

Schon immer haben sich Christen in die Stille zurückgezogen. Von den Wüstenmönchen im 6. Jahrhundert bis hin zu den Stille-Tagen, die heute von vielen christlichen Freizeitveranstaltern angeboten werden, gibt es eine lange Tradition. Im Neuen Testament lesen wir: Jesus selbst zog sich immer wieder aus dem Trubel zurück, um in der Stille Kraft zu schöpfen.

Am nächsten Morgen ging Jesus allein an einen einsamen Ort, um zu beten. Später suchten ihn Simon und die anderen. Als sie ihn gefunden hatten, sagten sie zu ihm: „Alle fragen nach dir." Doch er entgegnete: „Wir müssen auch in die anderen Städte gehen, damit ich auch dort predige; denn dazu bin ich gekommen" (Markus 1,35-38; NLB).

Zwischen zwei herausfordernden Tagen ging Jesus also in die Stille, um zu beten. Das tat er nicht aus pädagogischen Gründen. Um ein „gutes Vorbild" zu sein nach dem Motto: „Schaut her, so sollt ihr das auch machen!" Nein, er verschwindet eher heimlich, still, unauffällig und leise. Die Jünger müssen ihn erst suchen.

„Wo ist Jesus?"

„Keine Ahnung."

„Dann ausschwärmen und suchen."

Irgendwann finden sie ihn. Leicht vorwurfsvoll klingt es, wenn sie sagen: „Alle suchen nach dir!"

Sie meinen eigentlich: „Wo bist du? Was tust du? Wir haben doch noch viel vor!"

Jesus geht auf diesen Vorwurf gar nicht ein. Er hat in der Stille Kraft getankt. Jetzt ist er wieder voller Tatendrang: „Wir müssen los, in die anderen Städte …"

Er weiß: Wer sich für andere einsetzen will, wer ihnen dienen will, der braucht die Besinnung, den Rückzug.

Ähnliche Szenen finden wir im Neuen Testament immer wieder: Jesus allein an abgeschiedenen Orten. Dann wieder unterwegs und in Aktion. Stille. Trubel. Stille. Trubel. Es ist fast ein Rhythmus zwischen Aktion und Ruhe zu erspüren im Wanderleben von Jesus.

Um ehrlich zu sein: Wir wissen nicht, wie Jesus diese einsamen Zeiten gestaltet hat. Aber offensichtlich ist: Er braucht die Ruhe. Er braucht das Alleinsein. Im Rückzug findet für ihn eine Konzentration auf das Wesentliche statt, ein Zurechtrücken der Prioritäten; er begegnet Gott. Daraus kommt die Kraft für alles Weitere.

In der Stille entsteht Dankbarkeit

Schweifen wir vom Thema ab? Was hat das alles mit unserer Danke-Reise zu tun? Die Antwort ist einfach: Probieren Sie es aus, dann werden Sie den Zusammenhang schnell entdecken. Wer sich zurückzieht, wer nachdenkt über sein eigenes Leben, wird ganz oft dankbar.

Für mich (Anja) sind Rückzug und Stille ganz wichtige Aspekte, damit eine dankbare Lebenshaltung in mir gedeihen kann. Das hat zum einen damit zu tun, dass ich eine Perfektionistin bin. Als solche sehe ich nicht zuerst auf das Gute, Gelungene, Gewordene, sondern auf das, was noch getan, erledigt, verbessert werden kann und muss. Darum sind Perfektionisten im Grunde immer „unter Strom", nie zufrieden und oft unangenehme Nörgler. Dazu kommt, dass mein normaler Lebensalltag mit Familie, Beruf, Gemeinde, Freunden usw. oft einfach hektisch und voll ist. Und in diesem Alltag mit seinen Kämpfen und Herausforderungen verflüchtigt sich meine Dankbarkeit ziemlich schnell. Dann bin ich wie viele andere auch schnell am Jammern oder Schimpfen, wenn nicht alles so läuft wie geplant oder vorgestellt.

Ich brauche die Stille vor Gott und den Rückzug aus dem vollen Alltag, damit ich einen anderen Blickwinkel auf mein Leben einnehmen kann. Beim Nachdenken und Zur-Ruhe-Kommen kann ich Gottes Sicht auf mich und mein Leben wahrnehmen. Und diese Perspektive soll mich und mein Leben bestimmen.

Wenn ich still werde, wird mir immer wieder neu bewusst, für wie viel in meinem Leben ich dankbar sein kann. Das drücke ich Gott gegenüber dann auch aus. Dankbarkeit ist kein Gemütszustand, sondern eine innere Haltung, die in mir wächst, wenn ich Dankbarkeit übe. Genau das tue ich in der Stille. So gestärkt kann ich dann auch Schritt für Schritt diese Haltung in meinen Alltag transportieren.

Wenn ich (Martin) morgens zur Arbeit fahre und nicht Radio höre und nicht in frühmorgendlicher Muffel-Laune vor mich hin nörgele und auch nicht schon in Gedanken die ersten Fragestellungen aus meinem Büroalltag klären will, sondern in Ruhe über den gerade begonnenen Tag nachdenke, werde ich meistens dankbar: für meine Frau, für meine Arbeitsstelle, für die Tatsache, dass ich lebe, mich bewegen kann, für meine Kinder, für die Großzügigkeit Gottes und, und, und …

Wenn mir all das Gute in meinem Alltag bewusst wird, bin ich manchmal fast zu Tränen gerührt. Dass ich all das erleben darf! Dass ich all diese Menschen kennen darf! Mit ihnen leben darf! Dass Gott so gnädig ist! Dass ich an vielen Dingen und Projekten mitgestalten darf … Solche Zeiten sind nicht anstrengend, sondern eine Freude. Und geben dem Tag ein völlig anderes Lebensgefühl.

So euphorisch startet mein Tag nicht immer – aber immer öfter. Wer dafür (wie auch ich oft …) Starthilfe braucht, dem lege ich Psalm 103 ans Herz, den wir ja schon im 3. Kapitel kurz betrachtet haben.

Nicht vergessen

Der Beter des Psalms führt sich die Taten Gottes in seinem Leben und in der Geschichte vor Augen. Er weiß, dass er dazu neigt, nur das Schwierige zu sehen. Denn davon gibt es reichlich. Er weiß, dass er in der Gefahr steht, in all den Herausforderungen und Krisen zu versumpfen. Deswegen sagt er sich selbst: „Ich will das Gute nicht vergessen, das Gott für mich getan hat." Denn wenn wir uns das bereits erfahrene Gute bewusst machen, dann gibt das auch Mut für die Gegenwart und die Zukunft.

Lobe den HERRN, meine Seele, und was in mir ist, seinen heiligen
Namen! Lobe den HERRN, meine Seele, und vergiss nicht, was er dir
Gutes getan hat:
der dir alle deine Sünde vergibt und heilet alle deine Gebrechen,
der dein Leben vom Verderben erlöst, der dich krönet mit Gnade und
Barmherzigkeit, der deinen Mund fröhlich macht und du wieder jung
wirst wie ein Adler.
Der HERR schafft Gerechtigkeit und Recht allen, die Unrecht
leiden. Er hat seine Wege Mose wissen lassen, die Kinder Israel sein
Tun. Barmherzig und gnädig ist der HERR, geduldig und von großer
Güte (Psalm 103,1-8; LUT).

„Ich will nie vergessen, wie viel Gutes Gott mir getan hat." Das ist die Quintessenz dieses Psalms. Tatsächlich ist das Vergessen einer der großen Feinde der Dankbarkeit. Wie schnell kann ich selbst nach großen und eindrücklichen Gotteserfahrungen wieder im Klein-Klein des Alltags nörgelig und brummelig werden.

Darum ist der große Freund der Dankbarkeit das Erinnern. Ich will mich daran erinnern, Gott, was du Gutes in meinem Leben getan hast! Dazu aber muss ich innehalten, nachdenken, meine Aufmerksamkeit auf Gottes Handeln in meinem Leben ausrichten.

Nach einer schwierigen Lebensphase mit gutem Ausgang sagten Freunde und Mitchristen oft zu uns: „Wer so etwas erlebt hat und Gott so erfahren hat, der wird das nie wieder vergessen." Das stimmt auf der einen Seite. Wer erlebt hat, wie das Fieber der eigenen Tochter im Laufe eines Gebets gesunken ist, der zweifelt nicht mehr, dass Gott heilen kann. Das sind Erfahrungen, die ganz zu uns und unseren Biografien gehören. Die werden wir nicht vergessen.

Aber, und auch das stimmt: Dieses Wissen, diese Erfahrungen rutschen im Alltag schnell weg. Kleine Ärgernisse sind dann präsenter und drängen die großen Linien an den Rand. Spitz formuliert: Ein schmerzender Backenzahn heute kann dann stärker im Bewusstsein stehen als die Bewahrung bei einer schweren Operation in der Vergangenheit. Der Mediziner sagt dazu: Der Primärreiz steht immer im Vordergrund. Die wichtigen Erfahrungen werden überlagert von den kleinen Widrigkeiten des Alltags. Deshalb wollen wir uns von Zeit zu Zeit an die Linien Gottes in unserem Leben erinnern.

Damit uns dieses Erinnern in die Dankbarkeit führt, brauchen wir Zeiten und Orte der Ruhe und des Innehaltens. Dabei unterscheiden wir zwischen den kleinen Momenten, die wir immer wieder im Alltag finden, und den längeren Auszeiten, die wir bewusst planen müssen. Beides ist gut und hilfreich. Dieser Rückzug kann dabei für jeden anders aussehen. Probieren Sie einfach mal was aus …

Danke-Auszeiten

- Ein (kurzer) Spaziergang in der Natur. Ich (Anja) gehe fast jeden Morgen mit dem Hund eine Runde. Ich habe mir angewöhnt, mir dabei mindestens drei Dinge bewusst zu machen, für die ich an diesem Tag dankbar bin. Und wenn ich so allein durch den Wald laufe, dann sage ich das Gott auch gleich in einem kleinen Gebet.

- In der Bibel lesen und dankbar nachsinnen über die Größe und Treue Gottes.

- Einen Danke-Satz dauerhaft mit sich tragen und verinnerlichen.

- Biografien lesen von Menschen, die man bewundert oder interessant findet, und sich davon inspirieren lassen. Andere nach den Menschen fragen, die sie bewundern.

- Ein Danke-Tagebuch führen. Sich jeden Tag einen Moment Zeit nehmen und drei Begebenheiten aufschreiben, für die man dankbar ist. Oder alle zwei Tage oder einmal in der Woche …

- Einen Tag in der Stille verbringen – vielleicht zu Hause oder aber auch in einem Kloster oder Einkehrzentrum … Natürlich können es auch mehrere Tage sein. Gerade Menschen, die eher aktiv leben, sind hier herausgefordert, erste Schritte zu gehen – auch wenn sie es sich gar nicht vorstellen können und vor einer längeren Stille eher Angst haben. Ich (Martin) habe im letzten Jahr meinen ersten Stille-Tag gemacht – und war erstaunt, wie schnell die Zeit verflogen ist.

Mit diesem Kapitel laden wir Sie ein, Ihre eigenen stillen Momente zu finden. Vielleicht an ganz ungewöhnlichen Orten oder zu ungewöhnlichen Uhrzeiten. Um – wo und wie auch immer – Ihre Seele an eines zu erinnern: Vergiss nicht, was Gott dir Gutes getan hat!

Fragen zum Weiterdenken:

 Wo und wann sind meine Rückzugsmomente?

In einer stillen Stunde überlege ich mir:
Wofür werde ich dankbar, wenn ich an die
letzten Tage und Wochen denke?

 Idee für einen Stille-Tag: „Ich will nicht
vergessen, was Gott mir Gutes getan hat."
Was fällt mir ein?

Die größte Kraft des Lebens ist der Dank.

HERMANN BEZZEL

GeDANKE 6

Den Danktank füllen – gemeinsam

Rückzug ist der eine Weg, um die Lebenshaltung der Dankbarkeit vital zu halten. Eine andere Möglichkeit, unseren Danktank zu füllen und auf diesem Gebiet zu wachsen, ist die Gemeinschaft mit anderen. Darum geht es in diesem Kapitel.

Gemeinschaft – damit meinen wir: gemeinsam beten, gemeinsam singen, gemeinsam etwas unternehmen, gemeinsam feiern. Gerade den kommunikativen oder extrovertierten Typen liegt diese Art, den Danktank zu füllen, vielleicht näher als das Auftanken in Stille und Einsamkeit.

Gemeinsam beten

Immer brauchen wir auch die anderen, die uns dabei helfen und unterstützen, damit wir die „richtige Spur" halten. Da hängen wir alleine vielleicht trüben Gedanken nach – und benötigen andere, um den Kopf wieder hochzubekommen. Auch das Beten ist manchmal einfacher, wenn wir es gemeinsam tun. Denn dann bleiben wir nicht nur bei uns und unserer Sicht, sondern können uns von den anderen inspirieren, ermutigen und mitnehmen lassen. Das Dankgebet des anderen hilft auch mir zum Danken – und umgekehrt. Dabei ist egal, ob das gemeinsame Gebet zu zweit, im Hauskreis oder im Gottesdienst geschieht.

Ich (Anja) bin schon seit einigen Jahren in einem Frauenhauskreis. Wir teilen sehr viel miteinander – das Gute und das Schwierige. Als einen besonderen Schatz empfinde ich gerade unser gemeinsames Gebet. Es tut gut, miteinander und füreinander zu danken. Gemeinsam das Handeln Gottes in meinem Leben oder in dem meiner Weggefährtinnen in den Blick zu nehmen. So tragen und ermutigen wir uns gegenseitig und helfen uns, auf dem Weg der Dankbarkeit zu wachsen.

Für mich (Martin) ist es eine besondere Erfahrung, mit einem Freund zu beten, wenn die Tage dunkel sind, die Arbeit mir über den Kopf wächst und ich in einer Mischung aus Selbstmitleid und Zukunftsangst versinke. Wir lassen die harte „Männer-Schale" fallen und denken gemeinsam nach, reden, beten. Ich merke, ich bin nicht alleine. Die Herausforderungen werden überschaubar. Aus unüberwindbaren Gipfeln werden Hürden, die mich sportlich herausfordern. Die Freude kommt zurück. Und mit ihr die Dankbarkeit für mein Leben.

Also mache ich das so oft wie möglich? Nein. Obwohl ich schon häufig die Kraft, die in diesen gemeinsamen Zeiten steckt, erlebt habe, muss ich mich immer wieder und immer noch zu einer solchen Begegnung aufraffen. Ich habe es aber noch nie bereut.

Auch wir als Ehepaar beten gemeinsam – wenn auch nicht jeden Tag. Wir haben schon an einigen Punkten in unserem Leben die Kraft des gemeinsamen Gebetes erlebt. Allerdings sind wir noch dabei zu lernen, mehr zu danken, als zu bitten. Letzteres liegt doch oft eher im Fokus …

Gemeinsam singen

Viele machen eine Erfahrung, die auch wir teilen: Gerade Musik und Gesang sind eine wunderbare Form, um gemeinsam unsere Dankbarkeit Gott gegenüber auszudrücken. Und eine Unterstützung dabei, eine Haltung der Dankbarkeit zu üben und sie zu bewahren.

Danke-Lieder haben eine lange Geschichte. Die Bibel ist voll von Lobpsalmen, mit denen der Einzelne oder die singende Gemeinde ihre Dankbarkeit Gott gegenüber ausdrückt. Immer und immer wieder wurden diese Lieder gesungen, weil man immer und immer wieder die Erinnerung brauchte und auch die Erfahrung machte: Es gibt so viele Gründe, Gott zu danken. Danken tut gut.

Hier eine kleine Auswahl von Dankliedern aus ganz verschiedenen Zeiten: Das bereits erwähnte „Nun danket alle Gott mit Herzen, Mund und Händen" wurde seit dem 17. Jahrhundert in unzähligen Situationen gesungen, in denen Menschen gemeinsam ihren Dank ausdrücken wollten. Es ist die Einladung, dem Gott zu danken, der uns schon von Anfang an, schon im Mutterleib, Gutes getan hat. Der im Kleinsten handelt – wie auch im Großen, „an uns und allen Enden". Wer das singt und sich vergegenwärtigt, dass das schon viele Generationen vor ihm gesungen haben, kann gar nicht anders, als am Ende in das große „Lob, Ehr und Preis sei Gott" einzustimmen.

Ein anderes sehr bekanntes Danke-Lied heißt: „Danke für diesen guten Morgen, danke für diesen neuen Tag. Danke, dass ich all meine Sorgen auf dich werfen mag." Wie wahr. In den weiteren Strophen wird dann gedankt für die Arbeitsstelle, für die Musik, auch für die Schwierigkeiten und vieles mehr. Und ganz zum Schluss: „Danke, ach Herr, ich will dir danken, dass ich danken kann." Das ist eine der wenigen Formulierungen in Liedern, in denen für die Möglichkeit des Dankens gedankt wird.

Kaum ein christliches Lied der letzten Jahrzehnte ist bekannter geworden als dieser Danke-Song von Martin Gotthard Schneider. Warum das so ist? Weil die Musik so einfach ist? Vermutlich. Eine Generation von Hobby-Gitarristen hat mit diesem Lied angefangen. Aber auch weil der Text so dicht dran ist am Leben und so nachvollziehbar: ein Dank für all die Dinge des Alltags. (Okay, manche können das Lied vielleicht auch nicht mehr hören, weil es zu oft gesungen wurde …)

Wenn wir uns in Liedern bewusst machen, welche Geschenke Gott für unser Leben bereithält, dann erwächst Dankbarkeit. Auch in vielen neueren Anbetungsliedern ist Dank ein zentrales Thema. Ein Beispiel ist das Lied „Danke für alles, was du gibst, Herr" von Albert Frey:

Danke für alles, was du gibst, Herr.
Danke, du hast uns reich beschenkt.
Danke, dass du uns so sehr liebst, Herr.
Danke, dass du gut von uns denkst.
Du bist die Quelle des Lebens
bei dir finden wir alles, was wir brauchen.
Du bist der Grund unsrer Freude,
zu dir singen wir: Vater, Gott, wir danken dir.

Egal, ob ich (Martin) dieses Lied im Gottesdienst singe oder ob ich es laut im Auto höre und mitsinge oder ob ich es ohne Begleitung unterwegs vor mich hin trällere – es erfrischt mich, es inspiriert mich und es führt mich zur Dankbarkeit.

Singen, gerade auch das gemeinsame Singen, hat eine unglaubliche Kraft. Musik ist Therapie, Ermutigung, Ausdruck des Lebensgefühls. Und eine wunderbare Form, unsere Dankbarkeit auszudrücken.

Mein Freund und Kollege Marc Brocksieper schickte mir (Martin) vor ein paar Tagen ein selbst gedrehtes kurzes Handy-Video von einem Männertag. 500 Männer sangen voller Überzeugung: „Alle Ehre, König Jesus ..." Dazu schrieb er, der nun wirklich kein übertriebener Gefühlsmensch ist, nur ein einziges Wort: „Gänsehaut!" Und das hatte ich schon beim Sehen des Videos. Gemeinsamer Dank für das, was Gott uns in unserem Leben geschenkt hat, entwickelt eine ungeheure Kraft.

Für mich (Anja) gehört in die Advents- und Weihnachtszeit auf jeden Fall ein Konzertbesuch. Letztes Jahr waren wir in einem wunderschönen und mir bis dahin völlig unbekannten Weihnachtsoratorium des französischen Komponisten Camille Saint-Saëns. Dabei geht es mir nicht nur um das Event, nicht nur um das Gänsehaut-Feeling bei Sängern und Zuhörern, um eine oberflächliche Stimmung. Sondern um die einzigartige Verbindung von Musik und Wort. Die Musik lässt das Wort tiefer in mich eindringen. Mein Herz erfüllen. Ob „Der Messias", das „Weihnachtsoratorium", ein Gospelsong wie „Amazing Grace" oder ein Anbetungslied im Gottesdienst: In der Musik liegt Kraft, Tiefgang, Schönheit und Emotion. Freude wächst bei den Aktiven und bei den gemeinsam Hörenden. Dankbarkeit und Zufriedenheit stellt sich für mich da sozusagen „ganz nebenbei" ein.

Gemeinsam etwas für andere tun

Bei manchen kann Dankbarkeit sehr gut gedeihen, wenn sie etwas gemeinsam mit anderen tun. „Wie schön ist es, wenn wir miteinander etwas auf die Beine stellen!": zusammen einen Umzug stemmen, bei Freunden im Haus helfen, mit einer Gruppe eigener und fremder Kinder in den Zoo fahren. In der Gemeinschaft entwickelt sich Freude. Wer anderen hilft, hat am Ende müde Knochen, aber meistens ein dankbares, zufriedenes Grundgefühl: Wir haben etwas Sinnvolles geschafft und vielleicht noch eine positive Rückmeldung bekommen.

Wir kennen Familien, die gemeinsam zu Hilfsprojekten nach Indien oder auf die Philippinen fahren und gerade dort für ihre eigene Lebenssituation dankbar werden. Männer fahren Hilfsgüter nach Rumänien. Und werden dankbar, weil sie etwas schaffen können und mit ihren Händen (oder ihren Lastwagen …) zur Versorgung beitragen. Freiwillige aus den unterschiedlichsten Hilfsorganisationen sagen: „Die Menschen, denen wir geholfen haben, waren unendlich dankbar. Aber am meisten beschenkt waren wir, die wir ihnen geholfen haben." Andere freuen sich, wenn sie Geld gesammelt haben, um Menschen in Not zu helfen oder eine besondere Freude zu machen.

Das muss nicht immer etwas Spektakuläres sein. Und manchmal muss es auch nicht eine ganze Gruppe sein, die gemeinsam hilft. Dann unterstütze ich andere allein. Das kann ganz unterschiedlich aussehen: einem Kind aus der Nachbarschaft bei den Hausaufgaben helfen, jemanden zu einem schwierigen Arzttermin begleiten, mich um einen vernachlässigten Menschen kümmern – auch das sind wichtige Dinge.

Oft ist es so: Wer etwas tut, wer sich investiert, wird dankbar dafür, dass er etwas bewirken kann. Sieht neu, was ihm oder ihr selbst geschenkt worden ist. Und freut sich, dass dadurch auch Gottes Reich in dieser Welt ein wenig sichtbarer und erfahrbarer wird. Ich (Martin) arbeite in einem Zeitschriftenverlag. Wir produzieren sechzehn regelmäßige Magazine, daneben Sonderhefte, Verteilhefte und vieles mehr. Wir nennen uns ein „christliches Verlagshaus", wobei ja nicht das Haus christlich ist, sondern die Menschen, die hier arbeiten. Das heißt aber nicht, dass nur Engel am Werk sind. Es gibt auch viele unterschiedliche Meinungen, ganz verschiedene Menschentypen und Reibereien. Es ist viel Arbeit und nicht immer erreichen wir die Qualität, die uns vorschwebt.

Aber ich bin im Blick auf meine Arbeit ungeheuer dankbar (und viele Kollegen teilen diese Sicht): Ich freue mich über jedes unserer Magazine, weil ich weiß, dass die vielen Tausend Hefte Menschen ermutigen, begleiten, Lebenshilfe geben und im Glauben stärken. Wir arbeiten intensiv zusammen, wir stellen etwas auf die Beine. Und dann gehen die Impulse ins Land und in 73 andere Länder, in die wir auch Hefte schicken. Das sind die Momente, in denen ich so dankbar dafür bin, dass Gott uns gemeinsam gebraucht. Es klingt etwas pathetisch, aber ich meine es wirklich so: Für mich ist es eine Ehre, das tun zu dürfen. Und es ist ein besonderes Erlebnis, das gemeinsam zu tun mit all den Autoren, Grafikern, Redaktionskollegen, Korrekturlesern und den Kollegen aus den anderen Abteilungen.

Gemeinsam feiern

Frühere Gesellschaften und Kulturen strukturierten das Leben viel stärker als wir heute durch das Feiern und bestimmte wiederkehrende Feste. Dabei sind solche Zeiten immer herausgehoben gegenüber dem Alltag und geben dem Leben einen Rhythmus.

Das sehen wir im Alten Testament (vgl. die Festkalender in 2. Mose 23,14-19; 34,18-26; 3. Mose 23 und 5. Mose 16,15-18). In den verschiedenen Festen spiegelte sich die Bandbreite der Glaubenserfahrungen des Volkes Israel mit seinem Gott wider. Dabei ging es um Danksagung, Erinnerung und auch Sühne.

Die großen Dank-Feste Israels waren Gelegenheiten, sich zu freuen, sich an Gottes Heilshandeln zu erinnern und es zu feiern. Für die Israeliten war klar: Die Erinnerung an die Gottestaten in der Vergangenheit und das Danken gehören zusammen.

So wird beim Passahfest der Befreiung Israels aus der Sklaverei in Ägypten gedacht (vgl. 2. Mose 12). Beim Purimfest wird dankbar die Errettung der Juden aus der Hand ihrer Feinde im persischen Exil gefeiert (vgl. das Buch Ester). Beim Sukkot (2. Mose 23,16; 34,22), dem Laubhüttenfest, geht es um den Dank für die Ernte und um die Bewahrung des Volkes Israel bei der Wüstenwanderung (3. Mose 23,43).

Die Verbindung von Erinnerung an Gottes Heilshandeln und Dank dafür – das spiegelt sich auch in den christlichen Festen wider, die wir heute noch begehen. Feste sind Erinnerungsorte, an denen wir uns bewusst machen können: Gott war mit uns – und er wird auch in Zukunft mit uns sein. Der Blick zurück bewirkt Dankbarkeit. Wir feiern das Gute, das uns widerfahren ist. Und schöpfen daraus Mut und Kraft für die Zukunft.

Wie feiern Sie? Im kleinen Kreise? Oder nach dem Motto: Hauptsache, es sind viele Menschen da? Oder ist das Wichtigste, dass der Tisch sich biegt unter all dem Essen und Getränken? Spielt Dankbarkeit bei Ihren Festen eine Rolle? Welchen Bezug haben Sie zu Gottes Handeln in Ihrem Leben?

Hier ein paar Anregungen zur Ausgestaltung der Feste:

- Geburtstag: Jedes Jahr wieder! Wir danken Gott für denjenigen, der an diesem Tag im Mittelpunkt steht. Wir danken dafür, dass er oder sie da ist, dass er oder sie im letzten Lebensjahr bewahrt worden ist. Wir freuen uns gemeinsam über die Fortschritte der letzten Monate. Was hat das Geburtstagskind dazugelernt, wie hat es sich entwickelt? Wir sehen einmal ganz genau hin. Und: Wir danken dem Geburtstagskind für all das, was es in unsere Gemeinschaft eingebracht hat. Und segnen es für das nächste Jahr.

* Weihnachten: Nicht der ganze Trubel und die Geschenke stehen im Mittelpunkt! Sondern dass Gott in seinem Sohn auf diese Welt gekommen ist. Uns ganz nahkommt. Das ist ein Grund zum Feiern! Natürlich auch mit schönem Essen, Geschenken und geschmückten Räumen. Doch wie wäre es, wenn wir uns an Weihnachten einmal erzählen, was wir mit dem Jesus, den wir feiern, im vergangenen Jahr erlebt haben? Wenn wir gemeinsam danken, dass wir ihn real in unserem Alltag erfahren?

* Erntedank: Das Fest ist etwas in die Jahre gekommen – zumindest im städtischen Lebensraum. Das finde ich (Anja) sehr schade. Denn ich habe dieses Fest immer geliebt – wohl weil ich auf dem Land aufgewachsen bin. Trotz kommunistischer Propaganda war mir sehr deutlich, dass eine gute Ernte nicht nur das Resultat harter Arbeit ist, sondern vor allem von Gottes Segen abhängt. Heute wird es oft reduziert auf einen Tisch in der Nähe der Kanzel, der mit Obst, Gemüse und vor allem Kürbissen beladen ist. Ich finde, es ist gut, mindestens einmal im Jahr auch an die Versorgung mit ganz realen Lebensmitteln zu denken und dafür zu danken. Aber „Erntedank" kann man auch weiter fassen. Wir haben investiert in Beziehungen – und ernten heute Freundschaften. Wir haben investiert in Ausbildung und Berufsfindung – und ernten heute eine Stelle, in der wir das Geld verdienen, das unseren Lebensunterhalt ermöglicht. Wir haben investiert in Sozialprojekte – und sehen heute, wie Menschen geholfen wird. In allen Fällen spielen menschliches Handeln und göttlicher Segen in geheimnisvoller Weise zusammen. Mindestens einmal im Jahr ist das ein Grund zum Danken.

* Ostern: Osterhase, Ostereier, Osterfrühstück – und Ostergottesdienst. Ostern ist „eigentlich" das große christliche Fest. Und in einigen christlichen Traditionen, z.B. in den orthodoxen Kirchen, kommt das auch wirklich zum Ausdruck. Wir sind zu Ostern oft unterwegs und treffen uns als

Großfamilie, meistens auf einem Bauernhof. Wir versuchen immer, egal wo wir uns treffen, einen Ostergottesdienst zu besuchen. Überall heißt es: „Der Herr ist auferstanden!" – „Er ist wahrhaftig auferstanden!" Das verbindet uns als Christen durch alle Konfessionen und ist für uns die Grundlage des Glaubens – und der Dankbarkeit.

- Pfingsten: Pfingsten ist für viele Grillen mit Freunden im Garten. Das auch – wir lieben solche Feiern mit Groß und Klein. Für andere ist Pfingsten der Zeitpunkt für Familientreffen oder Festivals. Gut, wer eine Familie hat, die sich mag und zusammenfindet. Und schön, wer sich auf den Pfingstfestivals tummelt, irgendwo in der Schweiz, in Österreich oder in Deutschland zwischen Aidlingen, Bad Liebenzell und Cuxhaven. Großartig, hier Impulse zu bekommen, Menschen kennenzulernen und gemeinsam unterwegs zu sein. Vor allem aber feiern wir das Kommen des Heiligen Geistes in diese Welt. Als Christen leben wir davon, dass er in uns wirkt und uns verändert und zu uns spricht. Ein Privileg, das uns im Alltag manchmal aus dem Blick gerät. Das ist ein echter Grund zu feiern!

Eins haben alle diese Feste gemeinsam: Wir feiern dankbar, dass Gott uns bis hierher gebracht hat. Und aus dem fröhlichen Feiern von Gottes Handeln in der Vergangenheit und der Gegenwart erwächst Zuversicht und Hoffnung für die Zukunft. Darum wird es auch in Kapitel 11 noch einmal gehen.

Leise oder laut?

Eine kleine Schlussbemerkung zu den letzten beiden Kapiteln und der Frage, wie wir den Danktank auffüllen. Jedem Menschen liegt vielleicht einer der beiden Wege vom Typ her näher: Manche lieben es, alleine zu sein, und müssen sich zu gemeinsamen Aktionen erst aufraffen. Andere blühen in der Gemeinschaft auf, können aber mit Alleinsein oder Einsamkeit nichts anfangen. Und natürlich hat das auch etwas mit der persönlichen Lebenssituation und den Möglichkeiten zu tun. Das ist normal, das ist okay, diese Unterschiede zeichnen uns als Menschen aus.

Wir finden allerdings: Man braucht beides. Dietrich Bonhoeffer hat das Zusammenspiel beider Aspekte treffend in seinem Buch *Gemeinsames Leben* auf den Punkt gebracht: „Wer nicht allein sein kann, der hüte sich vor der Gemeinschaft. ... Umgekehrt aber gilt der Satz: Wer nicht in der Gemeinschaft steht, der hüte sich vor dem Alleinsein." [5] Und das gilt auch für die Dankbarkeit.

Wir glauben, dass jeder auf beiden (!) Wegen profitieren kann. Vielleicht sogar besonders in dem Bereich, der ihm typbedingt weniger liegt. Denn da muss man sich sehr bewusst herankämpfen.

Der folgende kleine „Test" ist gemeint als Anregung, sich mit dem eigenen Typ zu beschäftigen. Als Einladung, das Vorhandene anzunehmen und zu umarmen – aber sich auch an das Fremde und Unbekannte heranzutasten!

Test: Was für ein Typ bin ich?

1. Wochenende: Endlich kann ich …

☐ a) mit meinen Freunden auf die Piste gehen.
☐ b) das Buch weiterlesen, das ich letzte Woche begonnen habe.

2. Auf einer Freizeit dürfen Sie sich eine der Aktivitäten für den Nachmittag aussuchen. Welche wählen Sie?

☐ a) Natürlich gehe ich in die Volleyballgruppe. Wir wollen den Wettkampf gewinnen!
☐ b) In der Holzarbeitsgruppe kann ich ein Vogelhaus bauen. Das gefällt mir.

3. Der dritte Abend in Folge, an dem Sie abends das Sofa hüten. Wie fühlen Sie sich?

☐ a) Mir ist ja so langweilig. Das Dauerkuscheln mit dem Sofa brauche ich nur, wenn ich krank bin.
☐ b) Ich fühle mich rundum erholt. Vielleicht ist ja morgen Abend auch nichts los?

4. Sie kommen von der Arbeit nach Hause. Was tun Sie als erstes?

☐ a) Mit den Kids baue ich im Wohnzimmer ein riesiges Tunnelsystem aus Kissen und Decken. Dabei kann ich mich so richtig auspowern.
☐ b) Ich koche mir einen Tee, mit dem ich mich für ein paar Minuten an den Küchentisch setze und atme erst mal durch.

Auswertung:

Mehr A:

Sie sind der Typ, der gerne unterwegs ist und Aktion liebt. Vermutlich fällt es Ihnen leicht, Ihren Danktank bei Konzerten oder anderen Events zu füllen. Sie lieben es, mit Menschen unterwegs zu sein. Tun Sie das immer wieder und ausführlich. Aber wagen Sie sich doch auch einmal an die ruhige Seite heran: Nehmen Sie sich die Zeit, nachzudenken über das, was Gutes in Ihrem Leben gewachsen ist. Fangen Sie an, die Dinge zu notieren, für die Sie dankbar sein wollen. Und vielleicht trauen Sie sich einmal an einen Stille-Tag heran – auch wenn diese Aussicht für Sie alles andere als verlockend klingt!

Mehr B:

Sie sind der Typ, der eher introvertiert lebt und gerne in den eigenen vier Wänden ist. Sie genießen die Stille, suchen ruhige Orte. Vielleicht schreiben Sie Tagebuch … Das tut Ihnen richtig gut und ist vermutlich ein großer Segen für Ihre Umgebung. Wenn Sie den anderen Zugangsweg entdecken wollen, heißt das für Sie: Lassen Sie es einmal richtig krachen! Feiern Sie! Freuen Sie sich an den Menschen, mit denen Sie unterwegs sind. Dankbarkeit wächst auch im fröhlichen Miteinander! Und: Beteiligen Sie sich einmal an einer gemeinsamen Hilfsaktion, Sie müssen ja nicht gleich der Anführer sein! Denn die anderen brauchen Sie auch.

Fragen zum Weiterdenken:

 Welcher Weg liegt mir nahe, wenn es darum geht, meinen Danktank zu füllen?

Welche Art der „Tankfüllung" würde ich gerne einmal ausprobieren?

 Wie ist es bei den Menschen in meinem nächsten Umfeld? Wie kann ich sie darin unterstützen, ihren Danktank zu füllen?

*Es ist ein lobenswerter Brauch,
wer was Gutes bekommt, der
bedankt sich auch.*

WILHELM BUSCH

GeDANKE 7

Kleine und große Gesten der Dankbarkeit

In den letzten beiden Kapiteln ging es vor allem um die Frage, wie Dankbarkeit kontinuierlich in uns Raum gewinnt. Jetzt wendet sich der Blick: Er geht von innen nach außen. Denn echte Gefühle und Überzeugungen bleiben nicht verborgen. Unser inneres Befinden will und wird sich äußerlich ausdrücken.

Wer liebt, will das auch zeigen. Überlegt sich Geschenke, kleine Überraschungen. Bastelt oder kocht. Spricht darüber. Fährt viele Kilometer mit Bahn oder Auto, um dem Geliebten zu zeigen, wie wichtig er oder sie ist.

Das ist nicht nur bei positiven Emotionen so: Umgekehrt lassen sich auch Wut, Zorn oder Trauer auf Dauer kaum verbergen. Für Langeweile oder Ungeduld gibt es ebenfalls untrügliche äußerliche Anzeichen, selbst wenn diese vielleicht nicht immer auf den ersten Blick zu erkennen sind.

Genauso verhält es sich auch bei der Haltung der Dankbarkeit. Wenn Dankbarkeit in uns lebt, dann drängt sie nach außen. Dann will sie sich zeigen. Will dem Dank Gott und Menschen gegenüber Ausdruck verleihen. Wir haben lange darüber nachgedacht, ob auch der Umkehrschluss richtig ist: Wo nichts nach außen drängt, lebt die Dankbarkeit nicht wirklich.

Denken Sie doch einen Moment darüber nach, bevor Sie weiterlesen. Stimmt das? Wo Dankbarkeit nicht nach außen drängt, lebt sie nicht wirklich. Wo sie sich nicht zeigt, existiert sie nicht.

Ja, es gibt bestimmt einen inneren Dank, der still und leise in uns glimmen kann. Aber wenn er nie Funken schlägt, sich nie wirklich zeigt, dann wird er am Ende auch nicht lange leben und vor allem nicht viel bewegen. Deshalb geht es in diesem Kapitel darum, Sie zu ermutigen, Gott und Menschen gegenüber Ihre

Dankbarkeit hörbar, sichtbar, spürbar, erlebbar auszudrücken. „Danke" nicht nur zu denken, sondern zu sagen, zu zeigen und kreativ auszudrücken.

Nichts ist selbstverständlich!

Es ist eine gute Idee, einmal den Menschen zu danken, die einfach immer da waren oder sind. Menschen, denen wir zwar grundsätzlich dankbar sind, aber denen gegenüber wir das selten oder vielleicht nie ausgedrückt haben. Machen Sie einmal einen Spaziergang und denken Sie bewusst und in Ruhe darüber nach, wer diese Menschen in Ihrem Umfeld und Leben sind. Überlegen Sie sich, wofür konkret Sie ihnen danken möchten und mit welchen Gesten. Vielleicht in einem ausführlichen Brief, vielleicht mit einem Strauß Blumen und einer Karte, vielleicht mit einer Einladung zum Abendessen ...

- Danken Sie Ihren Eltern oder Schwiegereltern: „Danke für so viele Jahre Versorgung. Danke für alle Investitionen an Zeit, Geld. Danke für alle Gedanken, die ihr euch um mich gemacht habt. Danke für alle Unterstützung in schwierigen Zeiten ..."

- Danken Sie langjährigen Freunden: „Danke für deine Treue und Begleitung. Danke für deine Hilfe bei ... Danke für die schönen Momente und Unternehmungen wie ... Ohne dich wäre ich nie ..."

- Danken Sie Ihrem Ehepartner, Ihrem Freund oder Ihrer Freundin: „Danke für diese besondere Beziehung. Danke für deine Geduld mit mir. Danke für deine Liebe, die sich zeigt an ..."

- Danken Sie Menschen, die in einem bestimmten Abschnitt Ihres Lebens wichtig waren (und die vielleicht aus dem Blickfeld geraten sind oder mit denen Sie gar keinen Kontakt mehr haben): Großeltern oder anderen Verwandten, Pastoren oder Seelsorgern, Lehrern, Ausbildern, Trainern, Nachbarn, alten Freunden ... Vielleicht besuchen Sie einige dieser Menschen oder laden Sie einmal zu sich ein.

Und danken Sie auch Gott einmal ausdrücklich für scheinbar ganz „selbstver-
ständliche" Dinge: „Danke für mein Leben, die Luft zum Atmen. Danke für die
tägliche Versorgung, die Möglichkeiten, die ich habe. Danke für die Menschen
an meiner Seite ..." Sagen Sie ihm Ihren Dank nicht nur, werden Sie kreativ:

- Schreiben Sie ein Gedicht oder Lied oder einen Brief oder errichten Sie
  einen „Dank-Altar". Das können einfach Erinnerungsstücke oder Bilder
  in Ihrer Wohnung sein, die Sie an die Güte und Freundlichkeit Gottes erinnern: Spruchkarten bei den einen, Fotos von lieben Menschen bei den
  anderen, Erinnerungsstücke aus besonders schwierigen Zeiten, durch die
  Gott uns geholfen hat, bei wieder anderen.

- Vielleicht machen Sie auch eine Pilgerreise, gehen noch einmal an die
  Orte, an denen Sie sich im Lauf Ihres Lebens von Gott besonders beschenkt fühlten. Zum Beispiel den Ort Ihrer Geburt, den Platz, an dem
  wichtige Entscheidungen gefallen sind, das Krankenhaus, in dem Sie Ihre
  Kinder geboren haben, die Straße, auf der Sie die Bewahrung Gottes besonders erlebt haben ...

- Dankbarkeit kann sich auch im Verzichten äußern. Aus Dankbarkeit dafür, dass Sie unter guten Bedingungen arbeiten, verzichten Sie auf den
  Kauf von Kleidung, die unter menschenverachtenden Bedingungen pro-
  duziert wurde. Aus Dankbarkeit für die Schöpfung Gottes verzichten Sie
  darauf, Fleisch aus Massentierhaltung zu essen (oder Fleisch insgesamt).

- Vielleicht verzichten Sie auch auf Geld und geben einmalig oder regelmäßig eine großzügige Spende. Naheliegend ist es, die Menschen und Pro-
  jekte zu unterstützen, die sich inhaltlich mit den Themen befassen, für die
  man selbst gerade besonders dankbar ist. Wenn ich mich darüber freue,
  was ich von meinen Eltern an Gutem mitbekommen habe, kann ich mein
  Geld bewusst so investieren, dass es denen zugutekommt, die das nicht
  haben oder hatten, zum Beispiel in Waisenhausprojekte. Wenn ich dankbar für meine Kinder bin, kann ich ein Patenkind in der Dritten Welt „adoptieren". Wenn ich dankbar für die mir geschenkte Gesundheit bin, bitte

ich die Gäste bei meiner Geburtstagsfeier, auf Geschenke zu verzichten und stattdessen dem Kinderhospiz zu spenden. Wenn mir der Wert der Freiheit besonders wichtig ist, werde ich Organisationen unterstützen, die andere aus menschenunwürdigen Bedingungen befreien usw.

Die besten Ideen für den Ort, an dem Sie Ihre Dankbarkeit in Unterstützung umwandeln, werden Sie am Ende selbst haben. Sie können eigentlich nichts verkehrt machen: Drücken Sie Ihren Dank Gott gegenüber einfach dadurch aus, dass Sie einem anderen Menschen fröhlich etwas Gutes tun oder einen anderen Menschen beschenken. Nach dem Motto: „Wie Gott mir, so ich dir!"

Verschwenderisch und unvernünftig danken

Wenn man verliebt ist, dann macht man ja schon mal verrückte Sachen, investiert Zeit und Geld, ohne ganz schnell daran zu denken, ob das sinnvoll ist oder sich rechnet. Warum nicht auch, wenn man wirklich dankbar ist? Im Neuen Testament wird uns eine Begebenheit geschildert, die uns einlädt, ruhig einmal etwas Ungewöhnliches zu tun, um unsere Dankbarkeit zu zeigen.

Es bat ihn aber einer der Pharisäer, bei ihm zu essen. Und er ging hinein in das Haus des Pharisäers und setzte sich zu Tisch. Und siehe, eine Frau war in der Stadt, die war eine Sünderin. Als die vernahm, dass er zu Tisch saß im Haus des Pharisäers, brachte sie ein Glas mit Salböl und trat von hinten zu seinen Füßen, weinte und fing an, seine Füße mit Tränen zu benetzen und mit den Haaren ihres Hauptes zu trocknen, und küsste seine Füße und salbte sie mit Salböl.
Als aber das der Pharisäer sah, der ihn eingeladen hatte, sprach er bei sich selbst und sagte: Wenn dieser ein Prophet wäre, so wüsste er, wer und was für eine Frau das ist, die ihn anrührt; denn sie ist eine Sünderin.
Jesus antwortete und sprach zu ihm: Simon, ich habe dir etwas zu sagen. Er aber sprach: Meister, sag es!
Ein Gläubiger hatte zwei Schuldner. Einer war fünfhundert Silbergroschen schuldig, der andere fünfzig. Da sie aber nicht bezahlen konnten,

schenkte er´s beiden. Wer von ihnen wird ihn am meisten lieben?
Simon antwortete und sprach: Ich denke, der, dem er am meisten
geschenkt hat. Er aber sprach zu ihm: Du hast recht geurteilt.
Und er wandte sich zu der Frau und sprach zu Simon: Siehst du diese
Frau? Ich bin in dein Haus gekommen; du hast mir kein Wasser für
meine Füße gegeben; diese aber hat meine Füße mit Tränen benetzt
und mit ihren Haaren getrocknet. Du hast mir keinen Kuss gegeben;
diese aber hat, seit ich hereingekommen bin, nicht abgelassen, meine
Füße zu küssen. Du hast mein Haupt nicht mit Öl gesalbt; sie aber hat
meine Füße mit Salböl gesalbt. Deshalb sage ich dir: Ihre vielen Sünden
sind vergeben, denn sie hat viel Liebe gezeigt; wem aber wenig vergeben
wird, der liebt wenig.
Und er sprach zu ihr: Dir sind deine Sünden vergeben.
Da fingen die an, die mit zu Tisch saßen, und sprachen bei sich selbst:
Wer ist dieser, der auch die Sünden vergibt?
Er aber sprach zu der Frau: Dein Glaube hat dir geholfen; geh hin in
Frieden! (Lukas 7,36-50; LUT).

Die Liebe dieser Frau war nicht die Voraussetzung der Vergebung ihrer Schuld, sondern ist Ausdruck ihrer tief empfundenen inneren Dankbarkeit Jesus gegenüber! Die griechische Formulierung und Zeitform in Vers 47 macht deutlich, dass Jesus der Frau schon irgendwann vorher die Vergebung zugesprochen hat. Das hat sie so tief bewegt, dass sie nun nicht anders kann, als ihren Dank verschwenderisch und in aller Öffentlichkeit auszudrücken. Egal, was die anderen denken! Egal, ob das als unschicklich gilt! Und Jesus versteht sie richtig. Er nimmt den Dank an und bestätigt nochmal in aller Öffentlichkeit, dass ihr vergeben ist. Haben Sie schon einmal solche Dankbarkeit Gott gegenüber empfunden?

Dabei können wir davon ausgehen, dass die Aktion der Frau keine spontane Sache war. So etwas Kostbares hat man nicht einfach dabei. Die Frau hat das Öl vorher gekauft. Sie hat sich erkundigt, wann Jesus wo ist. Sie ist dorthin gegangen ... Es ist ein Danke mit Überlegung. Ein Danke mit Anlauf. Das ist also eine vernünftig geplante Verschwendung – aus Dankbarkeit.

Solcher Dank hat auch Gegner – nicht nur in dieser Geschichte. Der größte Gegner sitzt in uns selbst. Im nächsten Kapitel wird es ausführlicher um die Anteile in uns gehen, die der Dankbarkeit entgegenwirken, um die sogenannten Dankbarkeitskiller: Gedankenlosigkeit, Vergleichen, Kleinlichkeit und Geiz. Wie unterschiedlich mein Verhalten in ein und derselben Situation sein kann, zeigt sich schon an einem kleinen Beispiel: Vermutlich bin ich (Martin) nicht der einzige Mann, der schon einmal kurz darüber nachgedacht hat, ob ein Blumenstrauß für meine Frau seinen Preis wirklich wert ist. 15 Euro für Schnittblumen, die nach einer Woche verblüht sein werden? Na ja … Doch wenn ich dann darüber nachdenke, was ich mit dem Strauß eigentlich ausdrücken will, wie wichtig Anja mir ist, wie sehr ich sie liebe, wie viel ich ihr verdanke – dann erscheint mir der Strauß eher klein und armselig und der Preis spielt keine entscheidende Rolle mehr.

Dank drückt eine Herzenshaltung aus. Auch ich habe Grund, Gott zu danken. Ich habe Grund, Menschen zu danken. Ich will meinen Dank mit einer besonderen Geste ausdrücken. Es ist mir egal, was die anderen denken. Wie kann das konkret aussehen? Verschwenderische Dankbarkeit nimmt lange Wege in Kauf für ein kurzes Treffen. Sie schaut nicht auf gesparte Zeit, gespartes Geld, sondern betreibt Aufwand und investiert, um auf besondere Weise Danke zu sagen. Verschwenderische Dankbarkeit rechnet nicht, sondern liebt.

Dankbarkeit ganz praktisch

Genauso stimmt allerdings: Ich muss nicht immer total ergriffen sein, um anderen zu danken. Dankbarkeit ist ja eine Entscheidung. Deshalb kann ich mich entschließen, meiner Dankbarkeit Ausdruck zu verleihen, weil ich Menschen, Ereignisse oder Initiativen wichtig finde und das zeigen will. Hier ein paar Ideen:

Die Freiwillige Feuerwehr, der Jugendtrainer im Handballverein, die Trainerin im Hundeclub – viele setzen sich ehrenamtlich in unserer Gesellschaft ein. Das Mindeste ist ein kleiner Dank in Wort und Tat. Sie werden staunen, welche Auswirkungen freundliche Worte, kleine Kärtchen oder Geschenke haben. Überlegen Sie nicht zu lange, legen Sie einfach los. Auch Menschen, die für das bezahlt werden, was sie tun, haben Dank verdient: die freundliche Verkäuferin, der Lehrer, der Paketbote …

Ich (Anja) musste wieder einmal mit unserer Jüngsten zum Kieferorthopäden. Der Termin war Gründonnerstag spätnachmittags. Ich dachte noch: Na, unsere Ärztin und die Sprechstundenhilfe haben heute bestimmt schon jede Menge Schoko-Osterhasen bekommen. Aber ich nahm dennoch für jede einen mit und bedankte mich bei der Gelegenheit für ihre gute Arbeit. Beide Frauen wurden ganz rot und freuten sich riesig! Denn kein einziger Patient hatte an diesem Tag so an sie gedacht. Und ich hätte es auch fast nicht getan ...

Vielleicht laufen Sie schon seit Jahren an Menschen vorbei, mit denen Sie keinen Kontakt haben müssen – aber könnten. Dem Pförtner, der Servicekraft an der Tankstelle, der Putzfrau im Büro, die immer dann kommt, wenn Sie gehen. Wie wäre es mit einem Danke für den Dienst, einem freundlichen Satz, einer persönlichen Vorstellung mit Namen?

Danken Sie Ihrem Hausarzt, der Sie schon seit Jahren begleitet, mit einer guten Flasche Wein. Oder den Pflegerinnen im Altersheim, die Ihrer Großmutter durch das Leben helfen, mit einem Blümchen oder einer Spende für die Kaffeekasse.

Eine unserer Töchter, die ehrenamtlich Kindergottesdienst mit Vier- bis Sechsjährigen macht, freute sich riesig, als ein Elternpaar ihr ein Weihnachtsgeschenk machte. Dabei ging es gar nicht so sehr um das Geschenk, sondern vor allem um die Tatsache, dass jemand an sie gedacht hatte und mit dem Geschenk ihren Einsatz würdigte.

Manchmal werden Sie vielleicht bei solchen Aktionen verwundert betrachtet. Möglicherweise vermutet man hinter der Danke-Aktion auch Eigeninteresse: Für was will der werben? Was will die von mir? Egal, lassen Sie sich nicht aufhalten: Verblüffen Sie Ihre Umgebung mit einer vollen Portion Dankbarkeit!

Fragen zum Weiterdenken:

 Wem will ich für „Selbstverständliches" danken?

Welche Danke-Aktionen könnte ich starten?
Gemeinsam mit wem?

Dankbarkeit und Weizen gedeiht nur auf gutem Boden.

DEUTSCHES SPRICHWORT

GeDANKE 8

Dankbarkeitskiller entdecken

Im letzten Kapitel ging es darum, wie der Dank sich in kleinen und großen Gesten konkret äußert. Im achten Abschnitt unserer Danke-Reise werden wir uns nun den Spielverderbern zu. Denn wer sich auf den Weg macht, Dankbarkeit zu lernen und zu leben, begegnet unwiderruflich auch „Dankbarkeitskillern".

Dankbarkeitskiller sind Haltungen, Prägungen oder Umstände, die uns auf der Reise zur Dankbarkeit behindern oder blockieren. Diese Fieslinge entdecken wir bei anderen und – was noch unangenehmer ist – auch bei uns selbst.

Ein paar der unangenehmen Weggenossen auf der Danke-Reise möchten wir hier nennen. Es ist hilfreich, sie zu kennen. Um dann für sich selbst zu erkennen, welcher der Störenfriede gerade besonders herausfordernd ist – und den Weg zur Dankbarkeit erschwert. Unsere Auflistung erhebt dabei keinen Anspruch auf Vollständigkeit, vermutlich haben wir noch gar nicht alle dieser unangenehmen Zeitgenossen entdeckt. Wir wissen nur: Manche Dankbarkeitskiller sind ziemlich offensichtlich, andere wirken eher heimlich, still und leise.

Killer Nummer 1: Gedankenlosigkeit

Was harmlos klingt, ist vielleicht der Killer Nummer eins: Gedankenlosigkeit. Damit meinen wir nicht, dass wir gar nichts denken, sondern dass wir nicht an das Wesentliche denken. Wer in diesem Sinne gedankenlos durch den Tag, die Woche, das Leben geht, wird kein dankbarer Mensch werden.

Wem das Wesentliche gedanklich entgleitet, der weiß nicht, wem er sein Leben verdankt. Der nimmt nicht mehr das Gute wahr, das zu seinem Leben gehört. Der erkennt nicht den Wert der Menschen, die ihn umgeben. Der sieht nicht die Schönheit der Schöpfung und ahnt nichts von den Geschenken, die Gott an jedem Tag bereit hat. Was für ein Drama! Und wie oft passiert uns das ...

Gedankenlosigkeit ist eine ständige Gefährdung. Denn im Zeitalter von Internet, Facebook, Twitter & Co buhlen permanent viele Bewerber um unsere Aufmerksamkeit und unsere Gedanken. Dazu kommt noch, dass unser Leben auch in anderen Bereichen komplex und vielschichtig ist. Familie, Beruf, Gemeinde, Freunde, gesellschaftliches Engagement u.a. laufen parallel und sollen bewältigt werden. „Multitasking" heißt dann das Zauberwort, das uns vormacht, wir könnten viele Dinge gleichzeitig oder schnell abwechselnd tun. Also zum Beispiel eine E-Mail verfassen und gleichzeitig einem Bericht zuhören. Oder bügeln, dabei am Telefon ein Gespräch mit der Freundin führen und gleichzeitig die Hausaufgaben der Kinder beaufsichtigen ...

Der Begriff „Multitasking" kommt ursprünglich aus dem technischen Bereich und beschreibt die Fähigkeit eines Betriebssystems (zum Beispiel bei einem Computer), mehrere Aufgaben parallel auszuführen. Es geht in diesem technischen Zusammenhang darum, die Effizienz und Leistungsfähigkeit zu steigern: also noch mehr in noch weniger Zeit zu schaffen. Eine Maschine kann das. Doch darf man das einfach so auf den Menschen übertragen?

Wissenschaftliche Untersuchungen belegen das Gegenteil. Unsere Effizienz sinkt beim Bearbeiten verschiedener Aufgaben, die wir parallel oder abwechselnd in kurzen Zeitabschnitten nacheinander ausführen – verglichen mit der Situation, in der man etwas bewusst nacheinander tut. Das menschliche Gehirn ist nicht wirklich fähig zu Multitasking.

Unsere persönliche Erfahrung bestätigt das: Wo wir Multitasking versuchen, verlieren wir meistens den Blick auf das, was wichtig ist. Wir haben nämlich keine Zeit mehr, darüber nachzudenken, was in unserem Leben wirklich zählt. Und in diesem Punkt gibt es kein Multitasking, das kann man nicht nebenbei machen. Man kann es nur ganz machen oder gar nicht. Wenn ich es aber lasse und mich an die wirklich wertvollen Dinge nicht mehr erinnere, verliere ich auch schnell den Grundmodus der Dankbarkeit.

„Denken führt zum Danken" lautet ein vielzitierter Satz. Und es ist wahr: Wer über sich und sein Leben nachdenkt, wird in der Regel vieles finden, was die Dankbarkeit befördert (darum ging es ja auch schon im 5. Kapitel). Denken und Danken gehören zusammen, die beiden Begriffe haben sogar einen gemeinsamen Wortstamm. Aber auch das Gegenteil stimmt: Wer nicht über sein Leben nachdenkt, wer gedankenlos lebt, wird kaum zu einem dankbaren Menschen.

Der Killer „Gedankenlosigkeit" wird entmachtet, indem ich Raum gewinne, nachdenke und ein Gefühl für die wirklich wichtigen Dinge in meinem Leben entwickle. Das kann zum Beispiel so geschehen:

Ich (Martin) merke, dass es einen entscheidenden Unterschied gibt, auf welche Weise ich mit meinen Kindern zusammen bin: Manchmal mache ich etwas mit ihnen, weil noch eine Viertelstunde vor den Nachrichten Zeit ist oder weil es eben zum Vatersein dazu gehört. Aber sehe ich sie wirklich als Persönlichkeiten, als Gottesgeschenke? Dankbarkeit für meine Kinder entsteht besonders, wenn ich mich ihnen ganz zuwende. Wenn ich über sie nachdenke, bewusst bei ihnen bin. Wenn wir etwas spielen oder in unseren Alben blättern und uns vergegenwärtigen, wie viel Schönes wir schon gemeinsam erlebt haben.

Ich (Anja) brauche, wie schon erwähnt, regelmäßige Stille-Zeiten, in denen ich meine Gedanken ordne, aufschreibe, in denen ich offen bin für das Reden Gottes. Denn dabei geht es ja nicht nur um meine Gedanken, sondern vor allem um Gottes Gedanken für mich. Wenn ich diese Stille-Zeiten nicht habe, verliere ich den Draht nach oben – und das ist auch eine Art der Gedankenlosigkeit. Ich verliere Gottes Gedanken für mich. Und darunter leidet dann auch meine dankbare Lebenshaltung.

Darum: „Was ich dir jetzt rate, ist wichtiger als alles andere: Achte auf deine Gedanken und Gefühle, denn sie beeinflussen dein ganzes Leben" (Sprüche 4,23; HFA).

Killer Nummer 2: Vergleichen

Macht euch keine Sorgen um euren Lebensunterhalt, um Essen, Trinken und Kleidung. (…) Seht euch die Vögel an. Sie säen nichts, sie ernten nichts und sammeln auch keine Vorräte. Euer Vater im Himmel versorgt sie. (…) Seht euch an, wie die Lilien auf den Wiesen blühen. Sie können weder spinnen noch weben. Ich sage euch, selbst König Salomo war in seiner ganzen Herrlichkeit nicht so prächtig gekleidet wie eine dieser Blumen (aus Matthäus 6; HFA).

Dieser wunderbare Bibeltext zeigt, warum wir so viel Grund zur Dankbarkeit haben: Gott versorgt jede und jeden so, wie er oder sie es braucht. Nicht alle erhalten dasselbe. Die Lilien bekommen zum Leben den Tau, die Vögel die Brösel oder die Würmer. Gott versorgt. Aber nicht alle erhalten alles. Die Lilien und die Vögel wollen und können nicht tauschen, schon der Versuch wäre lächerlich.

So versorgt Gott auch uns, auf die Art und Weise, die er uns zugedacht hat. Das ist eine Glaubensüberzeugung, die wohl von den meisten abgenickt wird. Die einfach ist und zugleich so schwierig.

Die Beschäftigung mit diesem Text führt zu Dankbarkeitskiller Nummer zwei. Er heißt: vergleichen. Und das Wort „Killer" ist in der Dramatik durchaus wörtlich zu nehmen: Vergleichen ist der Tod der Dankbarkeit. Und das auf zwei Ebenen: beim Vergleichen nach oben ebenso wie beim Vergleichen nach unten.

Vergleichen nach oben

Wer sich nach oben vergleicht mit denen, die es nach eigener Einschätzung besser haben, wird immer unzufrieden sein. Die Lilie ärgert sich, weil sie nicht fliegen kann. Und der Vogel hätte auch gern so eine schöne Form. Oder ganz menschlich: Ich schaue auf das schnellere Auto des Kollegen. Das größere Haus des einen Nachbarn. Den sonnigeren Garten des anderen. Die vitalere Gemeinde im Nachbarort. Den besser bezahlten Job des Freundes.

Wer sich regelmäßig nach oben vergleicht, entwickelt eine Gefühlslage, die gekennzeichnet ist von Unzufriedenheit und Frustration angesichts all der schönen Dinge, die man sieht, aber nicht bekommt. Es siegt das Gefühl: Statt der saftigen Kirschen in Nachbars Garten gibt es bei uns nur schrumpelige, mickrige Früchte. In solchem giftigen Dunst kann keine Dankbarkeit gedeihen.

Manchmal führt das Vergleichen nach oben auch zum Aktionismus: Es muss doch irgendwie zu schaffen sein, mehr Geld zu verdienen. Ein größeres Haus zu finanzieren. Mehr Begeisterung in der Gemeinde zu erzeugen. Ein ähnlich gutes Familienklima zu schaffen wie unsere Nachbarn … Wer jemals in dieser „Hamsterrad"-Falle gefangen war, weiß, dass in einem solchen Aktionismus kein Raum für Dankbarkeit ist.

Vergleichen nach unten

Es gibt noch eine zweite Art des Vergleichens, die unser Leben viel subtiler beeinflussen kann, nämlich ein Vergleichen nach unten. Wenn ich mich nach unten vergleiche, schaue ich auf die, die es schwerer haben, die weniger besitzen, die im Alltag mehr kämpfen müssen, denen es „schlechter" geht als mir.

Doch das nehme ich nicht mit echter Anteilnahme wahr, sondern allenfalls mit einer Geste falscher Großzügigkeit, die im Grunde die Verachtung des anderen in sich trägt. Ich begegne diesen Menschen nicht mit echtem Mitgefühl, sondern mit einer Herzenshaltung der eigenen Wichtigkeit. Ich vergleiche mich mit anderen, um selbst gut abzuschneiden. Um vor mir selbst gut dazustehen: materiell oder auch moralisch. Danke, dass ich nicht bin wie die Mutter, die ihr Kind so falsch erzieht. Danke, dass ich nicht bin wie Müllers, die ihr Geld total verschwenden … Danke, dass ich nicht bin wie meine Eltern, die mich an diesem oder jenem Punkt komisch erzogen haben. Danke, dass ich nicht bin wie meine Kollegin, die immer das letzte Wort haben muss …

Eine Beispielgeschichte von Jesus zeigt, wohin solches falsches Danken führen kann.

> *Er sagte aber zu einigen, die sich anmaßten, fromm zu sein, und verachteten die andern, dies Gleichnis:*
> *Es gingen zwei Menschen hinauf in den Tempel, um zu beten, der eine ein Pharisäer, der andere ein Zöllner. Der Pharisäer stand für sich und betete so: Ich danke dir, Gott, dass ich nicht bin wie die andern Leute, Räuber, Betrüger, Ehebrecher oder auch wie dieser Zöllner. Ich faste zweimal in der Woche und gebe den Zehnten von allem, was ich einnehme.*
> *Der Zöllner aber stand ferne, wollte auch die Augen nicht aufheben zum Himmel, sondern schlug an seine Brust und sprach: Gott, sei mir Sünder gnädig!*
> *Ich sage euch: Dieser ging gerechtfertigt hinab in sein Haus, nicht jener. Denn wer sich selbst erhöht, der wird erniedrigt werden; und wer sich selbst erniedrigt, der wird erhöht werden (Lukas 18,9-14; LUT).*

„Ich danke dir, Gott, dass ich nicht bin wie …". Solche Dank-Sätze haben nichts, aber auch gar nichts mit echtem Dank zu tun, sondern sind ausschließlich Selbstrechtfertigung. Total überheblich. Indem ich andere kritisch sehe und abwerte (ohne das so ganz direkt zu sagen …), versuche ich meinen eigenen Lebensentwurf herauszustellen. Der Schlusssatz von Jesus zieht dann auch eine klare Bilanz: „Wer sich selbst ehrt, wird gedemütigt werden. Aber wer sich selbst erniedrigt, wird geehrt werden."

Dabei wollen wir noch einmal ausdrücklich darauf hinweisen, dass Jesus diese Geschichte ganz „frommen" Leuten erzählt (Vers 9)! Was heißt das für uns?

Die Konsequenzen: Neid und Überheblichkeit

Aus dem Vergleichen nach oben erwächst der Neid. Und der Neid hat eine Schwester. Denn aus dem Vergleichen nach unten erwächst die Überheblichkeit. Mit wem würden Sie lieber zusammen leben: einem Neidhammel oder einem arroganten Schnösel? Vermutlich mit keinem vom beiden …

Die Alternative ist es, die anderen gelassen stehen zu lassen und das eigene Leben fröhlich zu feiern. Das finden Sie schwierig? Wir auch. Wo liegt der Schlüssel? Wir merken, dass wir eine innere Unabhängigkeit brauchen, eine Zufriedenheit, die wir aus uns selbst nicht produzieren können. Wir können Gott nur darum bitten, uns zu zeigen, wie er uns auf unsere einzigartige Art und Weise liebt. Wie er uns versorgt und beschenkt.

Dann genügen wir. Und brauchen niemanden mehr zu beneiden. Dann empfangen wir dankbar seine Geschenke für uns. Und müssen auf niemanden herabblicken. Es wächst eine innere Unabhängigkeit, die es möglich macht, das eigene Leben dankbar zu leben und zu lieben.

Killer Nummer 3: Schwierigkeiten

Wie soll ich dankbar sein, wenn mein Leben vollkommen chaotisch verläuft? Wenn Krankheiten sich bei uns die Hand geben? Wenn Schicksalsschläge das Leben erschüttern? Wenn ich scheitere? Vielleicht kämpfen Sie gerade mit großen Herausforderungen in Ihrer Lebenssituation und empfinden jeden Gedanken an Dankbarkeit als eine Zumutung.

Oder, über mein eigenes Leben hinausgedacht: Wie kann ich dankbar sein, wenn so viel Unrecht auf dieser Welt geschieht? Wenn Kinder verhungern? Wie kann ich dankbar sein, wenn Christen für ihre Überzeugungen getötet werden? Wenn an vielen Orten dieser Welt Krieg und Not herrschen?

Das ist eine der ganz großen Fragen des Glaubens, und Generationen haben sich an ihr abgearbeitet: Warum lässt Gott das zu? Wie kann ich dankbar leben, wenn so viel Unrecht und Leid geschieht – in meinem Leben und in dieser Welt? Rede ich mir nicht nur alles schön?

Weil das eine ganz entscheidende Fragestellung ist, gehen wir auf dieses Thema in Kapitel 10 noch ausführlich ein und nennen es an dieser Stelle nur kurz.

Killer Nummer 4: falscher Dank

Der vierte Killer heißt wie sein freundlicher Bruder: Dank. Der hinterlistige Doppelgänger ist oft schwer von seinem herzensguten Bruder zu unterscheiden. Ja, es gibt einen Dank, der nicht von Herzen kommt, sondern der Hintergedanken hat. Wir wollen mit diesem Dank etwas bezwecken, das uns nützt. Das ist Missbrauch. Missbrauch des Dankes und Missbrauch des anderen Menschen. Und darüber hinaus gefährdet er die in uns aufblühende Dankbarkeit. Er überlagert sie und erstickt sie, wenn wir nicht einschreiten.

Taktischer Dank

Die Grenze zwischen echtem und taktischem Dank ist manchmal schwer zu erkennen oder zu ziehen. Von taktischem Dank sprechen wir, wenn Dankbarkeit verbunden wird mit einem Ziel, das über das Danken hinausgeht. Der Dank wird dann Mittel zum Zweck. Ich setze ihn ein, um andere zu manipulieren.

Der Chef dankt seinen Mitarbeitern für ihren Einsatz. Es geht ihm aber eigentlich darum, dass sie noch mehr arbeiten, Überstunden machen oder ihn in einer schwierigen Situation nicht kritisieren.

Der Teenagersohn dankt Papa fürs Abholen. Damit der nicht sauer ist auf seinen undankbaren Filius – und damit er sich morgen wieder zum Fahren breitschlagen lässt.

In der Kirchengemeinde dankt der Vorstand den „wenigen engagierten Leuten im ehrenamtlichen Putzteam". Die eigentliche Aussage aber ist: Hier werden Leute gesucht, die sich einbringen. Der Dank geht ins Leere, weil alle spüren, dass es in Wirklichkeit eine versteckte Aufforderung zu mehr Einsatz ist.

Setzen Sie Ihre eigenen Beispiele ein, sicher kennen Sie ähnliche Situationen. Erkennbar wird: Dankbarkeit kann eingesetzt werden, um eigene Ziele zu verfolgen. Das kann bewusst geschehen oder auch unbewusst. Das Ergebnis ist dasselbe. Es wächst keine Beziehung, sondern einer manipuliert mit seinem Dank den anderen: „Wenn ich dankbar bin, kann ich dieses oder jenes erreichen." In diesem Fall wäre es besser, die beiden Absichten, den Dank und die Aufforderung, zu trennen und beides mit derselben Klarheit zu benennen. Und im Zweifelsfall lieber auf das Danken zu verzichten, als den Dank zu missbrauchen.

Erzwungener Dank

„Sag schön Danke zu Onkel Sebastian!" Wo Menschen zum Dank aufgefordert werden, entsteht ein Spannungsfeld. Auf der einen Seite steht das Einüben einer dankbaren Grundhaltung. Das wünschen sich viele Eltern zu Recht und versuchen daher, sie ihren Kindern beizubringen. Und Dankbarkeit braucht ja auch Erziehung, Übung. Auf der anderen Seite kann so aber auch schnell ein erzwungenes Ritual entstehen.

Wichtig scheint uns der Unterschied zwischen „erinnern" und „erzwingen". Für uns als Familie würden wir sagen: Wir dürfen erinnern, aber nicht zwingen. Wenn eine unserer Töchter sich noch nicht für ihr Weihnachtsgeschenk bei den Großeltern bedankt hat, halten wir es für legitim, sie daran zu erinnern. Wenn sie sich aber partout dagegen entschieden hat („Die wissen doch, dass ich mit 14 keine Prinzessin Lillifee mehr haben will!"), dann werden wir sie niemals zum Dank zwingen.

Natürlich ist auch bei uns im Zusammenleben schon der vorwurfsvolle Satz gefallen: „Dann bedank dich doch wenigstens!" Vermutlich habe ich (Martin) ihn öfter gesagt als meine in diesen Dingen gelassenere Frau. Auch bei anderen Vätern entdecke ich diesen Wunsch, dass der eigene Beitrag gesehen und gewürdigt wird. Daraus ist aber höchst selten eine befriedigende Situation erwachsen, sondern entweder Eskalation oder Klein-Beigeben. Beides fühlte sich nicht richtig an. Und gut schon gleich gar nicht.

Dank, der andere Gefühle unterdrückt

Man kann Dank auch missbrauchen, um Gefühle wie Trauer, Wut, Schmerz oder Enttäuschung zu deckeln und zu verdrängen. Weil man diese Gefühle nicht will oder als unangemessen bewertet.

Ein Beispiel: Da hat sich ein Mädchen innig und lange und sehnlich eine ganz bestimmte Puppe zum Geburtstag gewünscht – und bekommt stattdessen ein neues Fahrrad! Weil die Eltern meinen, sie hätte schon genug Puppen und ein

Fahrrad wäre besser. Und sogar teurer! Das Kind ist enttäuscht, traurig, vielleicht sogar wütend und reagiert dementsprechend. Da wird ihm deutlich gesagt: „Jetzt sei mal dankbar für das schöne Fahrrad!" Damit wird eine falsche Dankbarkeit erzwungen, die dem Kind vermittelt: Deine eigentlichen Gefühle sind nicht erwünscht, nicht angemessen, nicht in Ordnung! Sei stattdessen dankbar!

Bei echter Dankbarkeit geht es jedoch nicht darum, dass ich Schmerz oder Frustration oder Verluste in meinem Leben verdränge, schön rede oder ignoriere. Es geht darum wahrzunehmen, dass zu jedem Leben Gelingen und Scheitern, Schönes und Schwieriges gehört.

Mit Dankbarkeit ist darum auch nicht gemeint, dass ich vermeintlich negative Gefühle wie Schmerz, Trauer oder Unzufriedenheit abwerte und verdränge und mich sozusagen „zwinge", dankbar zu sein. Das verwirrt und verletzt die Seele. Und nicht nur die von Kindern. Weil unser Inneres ganz richtig spürt: Hier ist etwas nicht in Ordnung.

Jedes Gefühl ist im Grunde eine weise Rückkopplung unserer Seele. Da regt sich etwas in mir – und das hat seinen Grund. Alle meine Gefühle helfen mir, mir selbst auf die Spur zu kommen. Sie gehören zu meinem Leben. Die Frage ist, wie ich mit ihnen umgehe, wenn ich sie bemerke. Anstatt sie zu verdrängen, kann ich nämlich auch fragen: Warum bin ich denn traurig oder unzufrieden oder wütend?

Eine solch erzwungene Dankbarkeit hat auch Paulus nicht im Sinn, wenn er die Christen auffordert: „Dankt Gott, dem Vater, zu jeder Zeit für alles im Namen unseres Herrn Jesus Christus" (Epheser 5,20; GNB). Oder: „Dankt Gott in jeder Lebenslage! Das will Gott von euch als Menschen, die mit Jesus Christus verbunden sind" (1. Thessalonicher 5,18; GNB).

Dankbarkeit als innere Haltung bedeutet, dass ich mich dafür entscheide, das Gute in meinem Leben zu sehen – ohne das andere zu ignorieren, zu verdrängen oder abzuwerten. Dass ich dem Guten nach-denke. Auch wenn ich mich nicht in jeder Sekunde dankbar fühle. Ich entscheide mich für die Dankbarkeit.

Fragen zum Weiterdenken:

 Von welchem Dankbarkeitskiller bin ich besonders gefährdet?

Auf einer Skala von 1-10, wie stark macht mir in meinem Leben zu schaffen:

Gedankenlosigkeit	1	2	3	4	5	6	7	8	9	10
Vergleichen nach oben	1	2	3	4	5	6	7	8	9	10
Vergleichen nach unten	1	2	3	4	5	6	7	8	9	10
Schwierigkeiten	1	2	3	4	5	6	7	8	9	10
Falscher Dank 1: taktischer Dank	1	2	3	4	5	6	7	8	9	10
Falscher Dank 2: erzwungener Dank	1	2	3	4	5	6	7	8	9	10
Falscher Dank 3: Dank, der andere Gefühle unterdrückt	1	2	3	4	5	6	7	8	9	10

Wie will ich dem entgegenwirken?
Welche Gewohnheiten will ich ablegen?

 Welche Gewohnheiten will ich einüben?

GeDANKE 9

Danke-Vorbilder suchen

Wir sind froh, dass wir auf der Reise zu einem dankbaren Leben nicht allein unterwegs sind. Zum einen kennen wir viele Mitstreiter. Zum anderen haben wir im Laufe der Zeit eine ganze Reihe von Menschen getroffen, die Dankbarkeit und Zufriedenheit ausstrahlen. Bei diesen Leuten hat das nicht zuerst etwas mit den äußeren Umständen zu tun, in denen sie leben, sondern mit ihrer inneren Einstellung. Wir brauchen solche Vorbilder. Wir suchen sie. Wir möchten von ihnen lernen.

Dabei finden sich für uns Danke-Vorbilder in der Geschichte, aber auch in unserem normalen, alltäglichen Umfeld. Solche Menschen nehmen uns hinein in einen Danke-Lebensstil. Wir möchten wissen: Warum sind sie, wie sie sind? Wie sind sie so geworden? Was hat ihnen geholfen, einen solchen Lebensstil zu lernen und zu leben?

Danke-Vorbilder aus unserer Umgebung

Einer von diesen Danke-Menschen ist für mich (Martin) Friedhelm. Ich kenne ihn seit zwanzig Jahren. Inzwischen ist er weit über 80. In letzter Zeit hat er viele Menschen aus seiner Generation verloren, darunter seine Frau Hanna, mit der er viele Jahrzehnte verheiratet war. Von Beruf war Friedhelm Lehrer, Latein war sein Steckenpferd. Er muss früher ein strenger Pädagoge der „alten Schule" gewesen sein. Das sagen manche, die ihn viel länger kennen als ich. Vor seiner Pensionierung war er stellvertretender Direktor an der Schule, in die meine Kinder jetzt gehen.

Ich habe Friedhelm erst in seiner „altersmilden" Version kennengelernt. Es fällt mir schwer, die Geschichten von früher zu glauben. Denn ich kenne kaum jemand, der heute mehr Dankbarkeit und Güte ausstrahlt als er. Als wir in einer schwierigen familiären Situation steckten, nahm er mich in den Arm und sagte: „Ich bete jeden Tag für euch." Als er selbst in seiner Familie einen Verlust nach dem anderen erleben musste, betonte er die Güte Gottes, die er in allem Leid täglich erlebte. So eine Dankbarkeit würde ich auch gern im Alter ausstrahlen.

Dieter ist ein anderer Danke-Mensch. Er ist Pastor und Therapeut im Ruhestand – im unaufgeregten, aber doch tätigen Ruhestand. Denn er sieht sich als Begleiter und Förderer der nachkommenden Generation. „Martin, dass wir das alles so erleben können!", sagt er, wenn er Veränderungen in unserer Gemeinde wahrnimmt. Er trauert nicht Altem nach, sondern freut sich über gute Entwicklungen. Neue Lieder, konträre Diskussionen zu gesellschaftlichen Themen: „Wie dankbar sind wir für die Veränderungen!" Oder: „Wie großartig ist das, was ihr als Verlag da auf die Beine stellt. Das hätten wir uns früher nie so vorgestellt!" Im Blick auf sein bewegtes Leben ist er dankbar, dass er so viel lernen konnte, sich entwickeln durfte. Und dass er sein Wissen und seine Erfahrungen jetzt an andere weitergeben kann. Gelassen, in sich ruhend, dankbar. Nach einem Gespräch mit ihm fühle ich mich immer beschenkt.

Eines meiner großen Danke-Vorbilder (Anja) ist eine gute Freundin. Sie hat in ihrem Leben schon viele schwierige Herausforderungen bewältigt. So war sie nach dem Scheitern ihrer Ehe viele Jahre alleinerziehende und gleichzeitig berufstätige Mutter von drei Kindern. Aber sie ist in den schwierigen Zeiten nicht verbittert oder hart geworden, sondern hat gerade darin immer mehr gelernt, der Güte Gottes zu vertrauen und die Zeichen seiner Freundlichkeit in ihrem Leben zu sehen und zu würdigen. Ich staune darüber, dass sie so einen Blick für die guten Kleinigkeiten im Leben hat und dafür dankbar ist.

Darüber hinaus gibt es andere Menschen, die mir (Martin) Vorbilder für ein dankbares Leben sind. Meine Eltern – sie nehmen ihre Lebenssituation immer dankbar aus Gottes Hand an. Manfred ist mir ein Vorbild in dankbarer Gelassenheit und Gail die dankbarste und ermutigendste E-Mail-Schreiberin, die ich kenne. Alle hier Genannten würden allerdings bestreiten, etwas Besonderes zu sein. Vielleicht ist das das sicherste Erkennungszeichen dankbarer Menschen.

Lisa Dauth, die Verlagsvolontärin, die uns beim Schreiben dieses Buches unterstützt hat, erzählt von ihren Großeltern folgende Geschichte: „Meine Großeltern haben mich vor Jahren tief beeindruckt, als sie mir auf die Frage, wie es ihnen gehe, antworteten: Wir sind zufrieden. Das hat mich lange beschäftigt und geprägt: Das Leben muss nicht vom guten oder schlechten Tagesempfinden abhängig sein. Zufrieden zu sein kann völlig reichen und einen Tag ins Positive ziehen, obwohl er sich beim Aufstehen morgens zunächst nach Regenwetter anfühlte. Frei nach dem Motto ‚Loben zieht nach oben – Danken schützt vor Wanken' bestimmen meine Großeltern ihren Tag und ihre Laune selbst. Diese Haltung möchte ich gerne in meinen Alltag einbauen und hoffe, dass ich diese Fähigkeit geerbt habe.

Meine Begeisterung für den Spruch ‚Wir sind zufrieden' habe ich später allerdings relativiert, als ich bemerkte, dass dieser Satz ihre Leidensgeschichten verdrängte. Außerdem wusste ich nie, wie es ihnen wirklich geht. An dieser Stelle will ich als Enkelin einhaken und gezielt Nachfragen stellen. Die Grundeinstellung möchte ich dennoch von ihnen lernen."

Danke-Vorbilder in der Geschichte

So will ich werden! So wäre ich auch gern! Wie großartig ist dieser Mensch! Viele Male schon sind wir berührt worden von Menschen, von denen wir gelesen haben oder die uns in Filmen begegnet sind.

Hier nur ein paar Beispiele:

Für mich (Martin) ist Nelson Mandela der Inbegriff eines dankbaren Menschen. Als ich vor einigen Jahren in seiner kleinen Zelle auf Robben Island stand, konnte ich mir nicht vorstellen, dass er hier jahrelang gelebt hat, ohne zu verbittern. Mich hat sehr berührt, dass er trotz aller Schikanen und Einschränkungen so positiv war. Er bezeichnete das Gefängnis als seine „Universität" und organisierte dort Fußballturniere. Seine Kraft, Menschen zusammenzubringen und Unmögliches möglich zu machen, hatte ihren Ursprung in dieser dankbaren Lebenshaltung, jeder Situation noch etwas Positives abzugewinnen.

In dem Film „Invictus", einer meiner Lieblingsfilme, kommt gut zum Ausdruck, dass er ein wirklich dankbarer Mensch war. Als der Kapitän der weißen Rugby-Mannschaft aufgeregt zum Präsidenten Mandela kommt, ist dessen erster Satz: „Danke, dass Sie den weiten Weg auf sich genommen haben." Diese dankbare Grundhaltung zieht sich durch den ganzen Film, mit viel Humor,

Weisheit und Emotion. Sie wurde auch durch Jahrzehnte in einer kleinen Zelle nicht zerstört.

Edmund Hillary hat als erster Mensch im Jahr 1952 erfolgreich den Mount Everest bestiegen. Er wurde gefeiert als der erste Bezwinger des höchsten Berges dieser Erde. Vor allem war er aber auch derjenige, der Menschen in ihrem Wert und ihrer Würde wahrnahm. Der dankbar war für Zusammenarbeit und gegenseitige Unterstützung. Damit war er in seiner Zeit Neudenker und Vorreiter. Er hat als Erster die Sherpas nicht nur als Träger und Diener, sondern als wertvolle Mitmenschen gesehen. Wer liest (zum Beispiel im leider nicht auf Deutsch erhältlichen Buch *Humilitas* des australischen Geschichtsprofessors John Dickson), mit welcher Dankbarkeit und Hochachtung er seine Crew gewürdigt hat, spürt etwas von der Stärke eines Mannes, der wertschätzend und dankbar gelebt hat. Er fiel in seiner Zeit damit ziemlich aus dem Rahmen.

Der Theologe und Widerstandskämpfer Dietrich Bonhoeffer ist eines meiner (Anjas) ganz großen Danke-Vorbilder. Selbst im Gefängnis verbitterte er nicht, blieb immer dem Leben zugewandt. Ein Satz von ihm steht seit vielen Jahren auf meinem Schreibtisch. Wir haben ihn im dritten Kapitel schon einmal zitiert, aber auch hier gehört er für mich unbedingt noch einmal hin. Er schrieb ihn 1943 aus dem Gefängnis: „Im normalen Leben wird es einem oft gar nicht bewusst, dass der Mensch überhaupt unendlich mehr empfängt, als er gibt, und dass Dankbarkeit das Leben erst reich macht."

Zu große Namen? Die manchen vielleicht eher erschrecken? So nach dem Motto: Ich bin schließlich weder Dietrich Bonhoeffer noch Nelson Mandela! Wie kann ich mich mit solchen Persönlichkeiten vergleichen? Das muss auch keiner. Aber wir sind überzeugt: Ein bisschen Nelson, ein bisschen Dietrich kann in jedem von uns wachsen. Und wir dürfen dabei nicht vergessen, dass auch diesen Menschen ihre dankbare Lebenshaltung nicht einfach so in den Schoß gefallen ist. Aber wie sind sie geworden, was sie sind?

Fünf Kennzeichen von Danke-Menschen

Wer Danke-Menschen beobachtet, findet eine ganze Reihe von Merkmalen, die ihnen gemeinsam sind. Offenbar hat das Danke-Leben sie in eine bestimmte Richtung geprägt. Hier ein paar Dinge, die uns aufgefallen sind:

„Wo sind die anderen neun?"

Isolation, Unreinheit, Tod – dafür stand der Aussatz zur Zeit von Jesus. Es gab keine Chance, diesem Schicksal zu entrinnen, wenn man einmal erkrankt war. „Jesus, lieber Meister, erbarme dich!", rufen zehn betroffene Männer. Sie schreien um ihr Leben. Sie wissen, wo ihre letzte Hoffnung liegt. Und Jesus tut tatsächlich das Wunder und heilt sie alle. Neun von ihnen, seine vermutlich jüdischen Volksgenossen, sieht er jedoch nie wieder. Nur einer kommt zurück, um ihm zu danken. Und das ist ausgerechnet der „Ausländer".

Offensichtlich waren Danke-Menschen schon zu den Zeiten Jesu in der Unterzahl. Einer von zehn ist ein Danke-Mensch, diese Quote scheint selbst Jesus zu überraschen. „Sind nicht zehn Menschen geheilt worden?", fragt er. Ich stelle mir vor, wie er innerlich enttäuscht den Kopf schüttelt.

Dem, der dankbar zurückkommt, ist egal, was die anderen tun oder lassen. Man hat beim Lesen des Bibeltextes das Gefühl: Ein Mann tut, was ein Mann tun muss. Er weiß, wem er die Rettung aus einer todbringenden Situation verdankt.

Ich (Martin) frage mich an dieser Stelle, auf welcher Seite ich gewesen wäre. Bei der undankbaren Mehrheit, die die Heilung offensichtlich schnell abgehakt hat und zur Tagesordnung übergegangen ist? Oder bei der dankbaren Minderheit, die den Geber der guten Gabe erkennt und ihm dankt?

Und ich ahne: Selbst wenn ich derjenige wäre, der zum Dank umkehrt und sich vor Jesus niederwirft, bin ich noch nicht auf der „sicheren" Seite. Denn ich kenne die Versuchung, nicht nur auf ihn und mich zu schauen, sondern auch auf die anderen. Würde ich die neun Undankbaren verachten und mich über sie und ihre Undankbarkeit erheben?

Dankbarkeit ist nicht die Norm

Damals wie heute gilt: Wer als dankbarer Mensch leben will, der muss sich bewusst dafür entscheiden. Dankbarkeit kommt nicht plötzlich über mich, ich muss aktiv werden. In diesem Fall: umkehren. „Kehrt nur dieser Fremde zurück, um Gott die Ehre zu geben?"

Gerade der Samaritaner, der nach dem Verständnis der Juden nicht zum erwählten Volk Gottes gehört, kommt zu Jesus zurück. Vielleicht erlebte er das Wunder als Außenseiter der Außenseiter noch intensiver als seine jüdischen Mit-Patienten? Er allein scheint seine Heilung als unverdientes Geschenk zu empfinden und er weiß auch, wem er sie zu (ver)danken hat! Und darum findet er in der Begegnung und dankbaren Hingabe an Jesus nicht nur Heilung für seinen Körper, sondern auch für seine Seele!

Wir alle kennen die Frage in uns: „Warum soll ich mich dafür bedanken?" – „Das ist doch selbstverständlich." – „Die werden doch dafür bezahlt." – „Bedanken – das macht doch sonst auch keiner." Dankbar leben, das macht der Text deutlich, ist keine Pflichterfüllung, sondern ein inneres Bedürfnis. Ein Lebensstil, der Entschlusskraft erfordert. Eine Grundeinstellung, die auch äußeren Ausdruck findet. Eine Haltung, der egal ist, was die Mehrheit macht.

Dank an Jesus ist Glaube und der Glaube an Jesus führt uns immer zum Dank. Dank und Glaube sind daher untrennbar miteinander verwoben. Denn im Glauben erfahren wir immer wieder, wem wir uns verdanken, und wollen dafür danken.

Diesen Weg bestätigt auch Jesus, wenn er dem dankbaren Samaritaner sagt: „Dein Glaube hat dich gerettet."

Fragen zum Weiterdenken:

Liste 1:

Wer sind meine Danke-Menschen? Menschen in meinem Umfeld, die mit ihrem Leben Dankbarkeit und Zufriedenheit ausstrahlen?

1.

2.

3.

4.

5.

Liste 2:

Welche Menschen aus Büchern oder Filmen spornen mich zur Dankbarkeit an? Bei welchen Geschichten schlägt mein Herz höher?

1.

2.

3.

4.

5.

 Wo könnte ich weitere Vorbilder finden?

Was will ich konkret von ihnen lernen?

 In welchem Verhältnis stehen bei mir
Glauben und Danken?

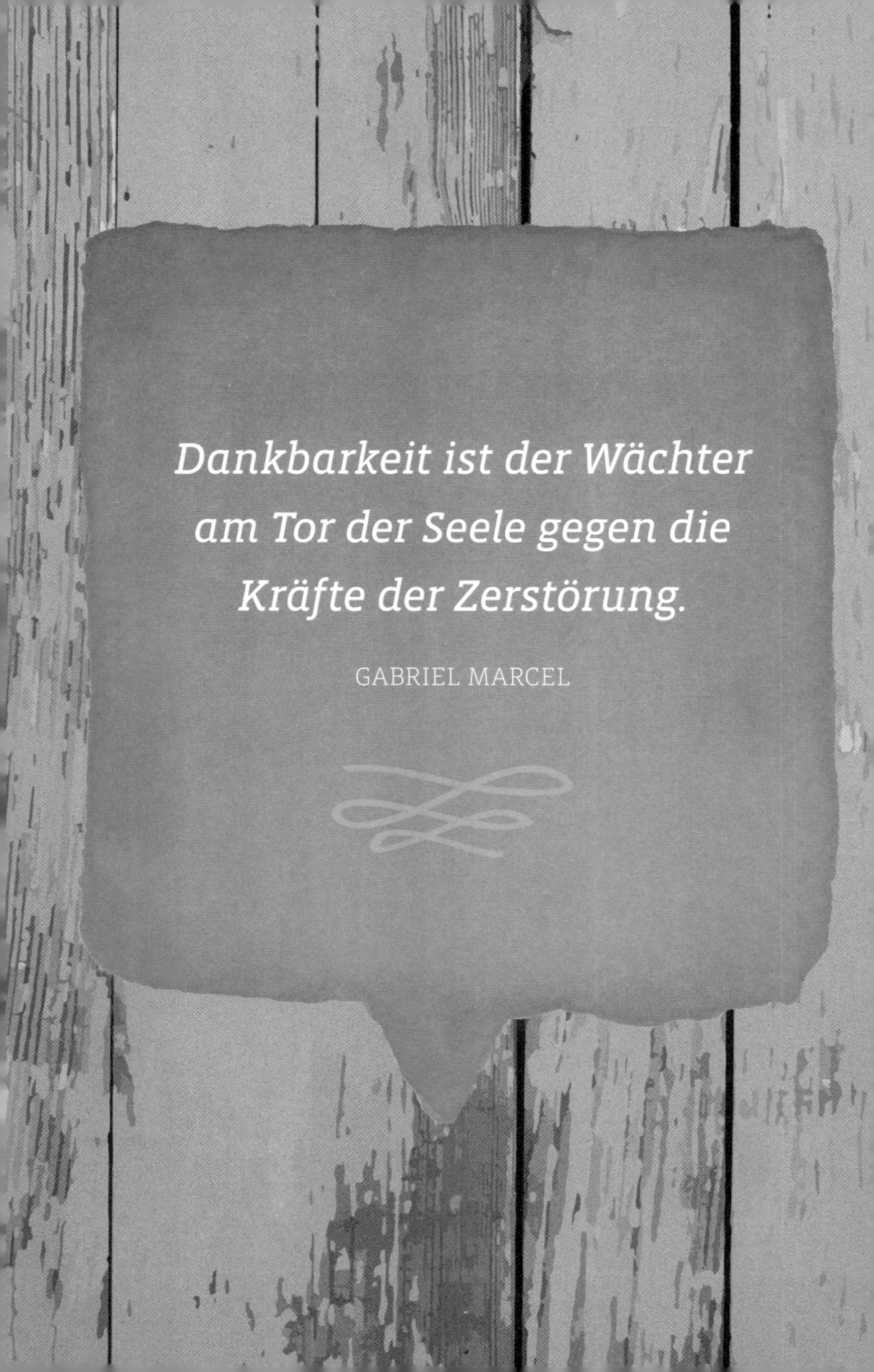

Dankbarkeit ist der Wächter am Tor der Seele gegen die Kräfte der Zerstörung.

GABRIEL MARCEL

GeDANKE 10

Dankbar leben in schwierigen Zeiten

Es gibt viele Gründe, dankbar für das eigene Leben zu sein. In den vergangenen Kapiteln haben wir viele Anlässe und Puzzlestücke beschrieben: Wie schön, dass ich zu der Person geworden bin, die ich bin! Toll, dass manches gelungen ist! Und wunderbar, von welchen Menschen ich umgeben bin!

Doch wenn ich über mein Leben nachdenke, fallen mir auch Punkte ein, für die ich nicht spontan dankbar bin. Auf die ich gerne verzichtet hätte. Die mich dauerhaft nerven. Die mich beeinträchtigen und mich viel gekostet haben.

Es geht uns an dieser Stelle darum, in schwierigen Situationen dankbar zu bleiben, und nicht darum, für die Schwierigkeiten dankbar zu sein.

Soll ich dafür dankbar sein?

Ich denke an Krankheiten, Schicksalsschläge oder an dauerhaft schwierige Lebensumstände. Soll ich dankbar sein, dass mein Kind sich wegen seiner Neurodermitis Nacht für Nacht blutig kratzt? Ich stehe als Mutter daneben, leide und hadere. Gott, was denkst du dir dabei?

Soll ich dankbar sein, dass mich eine Krankheit monatelang außer Gefecht setzt und ich mich langsam, mit kleinen Schritten wieder an den normalen Alltag herankämpfen muss?

Soll ich dankbar sein, dass in meiner Umgebung Menschen sterben, die nach meiner Meinung noch nicht an der Reihe gewesen wären, die gebraucht werden als Väter, als Mütter, die doch noch mitten im Leben stehen?

Soll ich dankbar sein, dass meine Ehe gescheitert ist? Soll ich dankbar sein, dass ich meinen Arbeitsplatz verloren habe? Danken? Bei solchen Schwierigkeiten ja wohl erst mal nicht. Da kommen andere Gefühle hoch und müssen raus: die Erschütterung, die Wut, der Ärger, die Trauer. In aller Offenheit und Unverblümtheit bei Gott (der das gut aushält) und bei Menschen, die das ertragen können. Wir halten nichts davon, alles immer schön zu reden („Da hat sich bestimmt jemand etwas dabei gedacht!") oder sich aus Angst vor dem Schmerz und den dunklen Gefühlen zu schnell in ein „formelles" Danken zu flüchten.

Manche Menschen haben Angst davor, ihr Unverständnis, ihre Wut und ihre Verzweiflung Gott vor die Füße zu werfen. Ihm ungeschützt das zu sagen, was sie wirklich empfinden – anstatt wohlgewählte Worte und Formulierungen zu gebrauchen. Sie fürchten, mit ihrer verständnislosen Grundhaltung gegen die Souveränität Gottes aufzubegehren. Und es gibt ja schließlich diese Aufforderung im Thessalonicherbrief: „Dankt Gott in jeder Lebenslage! Das will Gott von euch als Menschen, die mit Jesus Christus verbunden sind" (1. Thessalonicher 5,18; GNB).

Doch wie meint Paulus das wirklich? Ich verstehe es so: Es geht nicht darum, für jede Lebenslage dankbar zu sein. Sondern in keiner Lebenslage zu vergessen, dass wir an Gott als unseren guten Vater glauben – wie es Jesus uns vorgelebt hat. Und dass wir uns darum auch in schwierigen Zeiten dafür entscheiden, ihm als diesem guten Vater zu vertrauen: dass er alles in der Hand hat und mit uns einen Weg zu unserem Besten geht (so verstehe ich auch Römer 8,28-29)! Das wollen wir dann in jeder Lebenslage, eben auch in den schwierigen, im Blick behalten. Dafür können wir ihm immer danken.

Bei solcher Dankbarkeit haben Menschen gelernt, ihre Gefühle zuzulassen und sich damit ehrlich auseinanderzusetzen. Gerade das macht es überhaupt erst möglich, immer wieder zu einer Haltung der Dankbarkeit zu gelangen. Diese Dankbarkeit wird dann nicht nur von meinen Gefühlen bestimmt, nimmt sie aber ernst. Ich entscheide mich im Vertrauen auf Gott als meinen guten himmlischen Vater für eine Haltung der Dankbarkeit, auch wenn ich mich nicht in jeder Sekunde dankbar fühle.

Dazu steht es dann auch nicht im Widerspruch, zu klagen, anzuklagen oder zu trauern. Das zeigt ein Blick ins Alte Testament. Dort finden sich besonders im Buch der Psalmen viele Texte, die von zornigen und (an)klagenden Betern stammen. Von Betern, die kein Verständnis für ihre Lebenssituation haben und Gott ihre Enttäuschung oder Klagen ungefiltert vor die Füße werfen. Ein Beispiel dafür ist Psalm 5:

Ein Hilferuf zu Gott
Für den Dirigenten. Mit Flötenspiel zu begleiten. Ein Psalm Davids.
Herr, lass mich ein offenes Ohr bei dir finden, höre doch, wie ich seufze!
Meine Hilfeschreie sollen zu dir durchdringen, mein König und mein
Gott, denn allein zu dir bete ich!
Herr, in aller Frühe bringe ich mein Gebet wie ein Opfer vor dich
und warte sehnsüchtig auf deine Antwort.
Denn du bist ein Gott, dem es nicht gefällt, wenn Menschen sich dir
widersetzen.
Niederträchtige duldest du nicht in deiner Gegenwart.
Wer verblendet ist vom Stolz, darf dir nicht unter die Augen treten.
Menschen, die Unheil anrichten, erträgst du nicht.
Wer lügt, sobald er den Mund aufmacht, den lässt du ins Verderben
laufen.
Mörder und Betrüger verabscheut der Herr.
Ich aber darf zu deinem Haus kommen, weil du mir deine reiche Gnade schenkst;
ich darf mich niederwerfen vor deinem Heiligtum und dich in Ehrfurcht anbeten.
Herr, erweise mir deine Treue und leite mich auf dem richtigen Weg,
tu es meinen Feinden zum Trotz!
Bahne mir den Weg, den du mich führen willst!
Aus dem Mund dieser Menschen kommt kein verlässliches Wort,
ihr Herz ist voller Bosheit.
Ihr Rachen gleicht einem offenen Grab,
und ihre Zunge gebrauchen sie nur, um zu betrügen.
Sprich sie schuldig, o Gott!
Sollen sie doch selbst zu Fall kommen durch ihre „hinterhältigen"
Pläne!
Verstoße sie, weil sie dir die Treue brechen und sich immer wieder gegen
dich auflehnen.

Doch Freude wird bei all denen herrschen, die bei dir Hilfe suchen.
Ihr Jubel wird ohne Ende sein, denn du stellst sie unter deinen Schutz.
So werden alle jubeln über dich, die deinen Namen lieben.
Denn du, Herr, segnest alle Menschen, die dir treu sind,
deine Gnade umgibt sie und schützt sie wie ein Schild (NGÜ).

Wer traut sich heute, so zu beten? Wir haben das in den Gottesdiensten, die wir bisher besucht haben, selten erlebt. Eine Alttestamentlerin schreibt: „Die Psalmen werden oft als Lehrbuch des Gebets bezeichnet. Wenn das stimmt, dann muss man sagen, dass Christen in letzter Zeit sehr wählerisch hinsichtlich des Lehrplans waren. Eine große Anzahl von Psalmen gilt als unpassend für den Gebrauch in Gottesdiensten: die Rache- und Fluchpsalmen."[6]

Auch in unseren eigenen Gebeten finden sich solche offenen Worte nicht oft. Dabei stimmt: Die Klagepsalmen enden immer mit einem kleinen Fenster der Hoffnung. Nachdem alles gesagt ist, aller Zorn, alles Unverständnis auf dem Tisch liegt, hören oder empfinden die Beter: In all dem Chaos ist Gott da. Der Beter versteht zwar immer noch nicht, was geschieht. Und doch bricht sich auch eine Zuversicht Bahn, dass Gott die Welt in den Händen hält. Und damit entsteht – wenn auch kein vollmundiger Dank – doch ein kleines, sonniges „Danke-Loch" inmitten grauer Wolken.

Dennoch danken

Ich glaube daran, dass wir es den Psalmbetern im Alten Testament gleich tun dürfen. Irgendwann gibt es aber auch in den komplizierten Abschnitten unserer Biografie „Danke-Löcher", kleine Momente, in denen wir der Dankbarkeit Raum geben können. Wir entscheiden dann, ob wir zur Dankbarkeit zurückfinden wollen oder in eine bleibende Verbitterung hineinrutschen. Aus eigener Erfahrung wissen wir: Es ist nicht einfach, aber es ist möglich.

Ich danke zum Beispiel dafür, dass ich in einer schwierigen Zeit nicht allein bin. Dass ich eingebunden bin in eine Gemeinschaft. Vielleicht in eine Familie. Vielleicht in eine Gemeinde. Vielleicht in einen Freundeskreis, der mich in dieser schwierigen Zeit begleitet. Wir persönlich mögen besonders die Geschichte von dem Gelähmten, der Freunde hatte, die ihn zu Jesus trugen. Die für ihn ein

Dach abdeckten, damit er Jesus begegnen konnte. Mal sind wir Tragende, dann wieder Getragene. Im Lauf des Lebens erlebt vermutlich jeder beides. Und in beiden Situationen, als Helfender und als Hilfsbedürftiger, liegt ein Zugang zum Danken.

Ich danke dafür, dass es immer noch Menschen gibt, die mich lieben. Die zu mir stehen. Auch wenn ich gescheitert bin. Auch wenn ich schuldig geworden bin. Auch wenn ich in Zukunft mit Defiziten leben muss.

Wenn ich etwas verloren habe – Menschen, Fähigkeiten oder Dinge, die mir im Leben wichtig sind – kann ich dafür danken, dass ich nicht alles verloren habe, dass immer noch etwas da ist: vertraute Menschen, Fähigkeiten, Hoffnungen, Erinnerungen. Das sind keine Psycho-Spiele, sondern ich bewahre mir so den Zugang zu dem Guten, das ja auch da ist bei allem Schweren. Diese Perspektive ermöglicht Dankbarkeit.

Wenn sich „Danke-Löcher" öffnen

In diesen „Danke-Löchern", die sich für mich in dunklen Zeiten öffnen, kann ich mich an die grundlegenden Zusagen und Verheißungen erinnern, die ich in der Bibel finde (dazu mehr in Kapitel 11). Gott ist mein Hirte, mir wird nichts fehlen (Psalm 23). Er ist ein Zufluchtsort in der Not (Psalm 16). Seine Kraft ist in denen wirksam, die schwach sind (2. Korinther 12,9) usw.

Es ist gut, in den schwierigen Zeiten diese „kleine" Dankbarkeit mit guten Gedanken zu füttern und immer wieder Entscheidungen zugunsten der Dankbarkeit zu treffen. (Mehr zum Füllen des Danktanks in den Kapiteln 5 und 6.)

Aufgrund einer chronischen Entzündung der Achillessehne konnte ich (Martin) jahrelang keinen – und bis heute nur sehr eingeschränkt – Sport treiben. Dabei war ich seit der C-Jugend Vereinshandballer gewesen und habe mein ganzes Leben lang gerne „richtigen" Sport gemacht. Männer-Sport.

Und jetzt? Kann ich immerhin wieder Nordic Walking machen, mit Stöcken durch die Landschaft marschieren. Ein Grund zum Danken? Das kommt auf meine Tagesform an. An schlechten Tagen hänge ich gedanklich trübe den besseren Zeiten hinterher, als der Fuß noch nicht wehtat und ich richtig im Saft stand. Aber es gibt auch Tage, da finde ich mein „Danke-Loch". Ich danke Gott für mein Leben, für die Natur um mich herum, für sein Eingreifen in mein Leben und für die Tatsache, dass ich mich hier und heute überhaupt so bewegen kann. Es kommt auf mich an, auf meine Einstellung und auf meine Entscheidung, wie ich mein Leben ansehen will.

In einer für uns als Familie schwierigen Zeit waren wir während unserer Kleinkinderphase ziemlich am Ende. Keine Nacht ohne Unterbrechung. Keine Hoffnung auf Änderung. Danken in dieser Situation? Nicht einfach. Unser „Danke-Loch": „Danke, Gott, dass wir nicht allein sind. Dass die Großeltern ab und zu ein paar Tage kommen können, dass Menschen für uns beten und uns ganz praktisch helfen. Dass Freunde uns ein Mittagessen vorbeibringen."

Viele Menschen begleiteten uns in unseren schwierigen Jahren. Gott kam uns in ihnen nahe. Wo wir nicht mehr beten konnten oder wollten, da beteten sie für uns. Interessanterweise haben viele der Helfenden es als besonderes Vorrecht empfunden, mit uns durch diese Zeit gehen zu dürfen. Und wir haben dankbar das Geschenk erfahren, dass andere uns tragen.

Der Müllkünstler

Egal, was Ihr oder unser Leben schwierig macht, grundsätzlich kommt kein Mensch daran vorbei: Zu jedem Leben gehören Grenzen, Verlust, Schmerz und Scheitern. Damit werden wir alle konfrontiert.

Der Autor und Pastor Thomas Härry hat sich mit diesem Thema sehr gründlich auseinandergesetzt. In seinem Buch *Das Geheimnis deiner Stärke* bezeichnet er unser Scheitern, unsere Lebenswunden und Niederlagen als wertvolles Rohmaterial, aus dem Gott Neues und Gutes für uns schaffen kann. Aus unseren Wunden und Grenzen können neue Kompetenzen und Stärken hervorgehen. Der amerikanische Autor Henri Nouwen sprach in diesem Zusammenhang vom „verwundeten Heiler" („wounded healer"). Gerade der begrenzte Mensch kann erleben, wie Gott seine Schwachheit in Kraft verwandelt, sodass er anderen etwas zu geben hat. Nicht trotz seiner Schwachheit, sondern aufgrund seiner Schwachheit.

Thomas Härry verwendet in seinem Buch dafür das Bild vom Müllkünstler, der es versteht, aus Schrott Kunst zu machen. Genauso ist Gott: Für ihn ist selbst der „Müll" unseres Lebens brauchbar. Er macht daraus Kunstwerke. Bringt in uns Eigenschaften und Fähigkeiten hervor, mit denen wir auf neue Weise für

Gott und andere Menschen zum Segen werden. Unsere Aufgabe dabei ist: Wir überlassen ihm die Scherben unseres Lebens, lassen ihn unsere Wunden heilen und lassen uns darin von anderen Menschen begleiten. Dann kann Neues wachsen. Das zu erleben, lässt uns staunen und es lässt uns danken: Unser Tiefpunkt ist nicht das Letzte. Gott verwandelt ihn zum Neuanfang. Das kann in der Konkretion ganz unterschiedlich aussehen:

- Wer selber suchtkrank war, kann andere Süchtige verstehen und ihnen oft besser helfen. Wer selbst durch diese Mühle hindurch ist, kennt die inneren Zwänge und die Kraft der Droge.

- Wer selbst durch einen Schicksalsschlag getroffen worden ist, wer Menschen verloren hat, der kann andere besser begleiten auf schwierigen Wegstrecken und in Zeiten der Trauer.

- Wer in seiner Ehe kämpft oder gescheitert ist, kann Paare in ähnlichen Situationen besser verstehen. Der kennt die Zerrissenheit, all die widersprüchlichen Gefühle und weiß, wie sich dieses dauerhafte Ringen anfühlt.

- Wer selbst tief gefallen ist und Nackenschläge einstecken musste, weiß, wie sich andere in solchen Situationen fühlen, und kann echten Mut zusprechen, ohne noch tiefer in die Wunde zu schlagen.

- Wer selbst bei einem Unfall körperliche Schäden erlitten hat, kann anderen Unfallopfern helfen, buchstäblich wieder auf die Beine zu kommen. Oder eben auch nicht. Der weiß aus eigener Erfahrung, wie mühselig und langwierig der Weg ist. Der kennt die Rückschläge, die auf dem Weg warten können. Und damit kann er ein Segen für andere werden.

- Wer selbst Kinder mit Defiziten, mit Behinderungen, chronischen Krankheiten ... hat, der weiß, was es bedeutet, Tag für Tag damit zu leben. Der kann andere in ähnlicher Situation ermutigen wie kein anderer – mit oder ohne Worte.

Es geht darum, andere aus der eigenen Geschichte und der eigenen Erfahrung heraus heilsam zu begleiten. Darin liegt eine ungeheure Kraft und Ermutigung für Menschen in Lebenskrisen: Andere sind diesen Weg auch gegangen. Andere haben dieses Tal auch überwunden. Andere haben diese Krise auch durchlebt und sind wieder auf die Beine gekommen. Andere leben auch mit diesen Defiziten. Da sagt einer keine leeren Worte, sondern weiß, wovon er spricht.

Versöhnt leben mit Grenzen und Verlusten

Angesichts dieser Defizite und Verluste gibt es in vielen (vielleicht allen?) von uns ein Unzufriedenheits-Gen. Vielleicht sind es vermeintliche Fehlentscheidungen, die uns mit unserem Leben hadern lassen. Vielleicht fühlen wir uns ungerecht behandelt von unserer Familie, dem Leben oder Gott selbst. Egal, aus welcher Quelle das Unzufriedenheits-Gen gespeist wird – es raubt uns das Grundgefühl der Dankbarkeit.

„Ich wäre doch viel lieber Künstler geworden! Dann könnte ich meine Gaben ausleben und müsste nicht diesen Schreibtischjob machen."

„Wenn ich einen anderen Schulabschluss hätte, dann hätte ich studieren können. Dann wäre aus meinem Leben etwas geworden. Aber das hat man mir nicht ermöglicht."

„Warum kann ich nicht besser mit Zahlen umgehen? Dann wären meine Finanzen nicht aus dem Ruder gelaufen."

„Ich hätte mich vor zehn Jahren selbstständig machen sollen, dann wäre mein Leben jetzt anders. Ich würde finanziell besser dastehen und ein freieres, selbstbestimmteres Leben führen …"

Die Liste der Gründe für Unzufriedenheit ist lang. Ich hätte früher Kinder bekommen sollen. Ich hätte später Kinder bekommen sollen. Wir hätten adoptieren sollen. Wir hätten nicht adoptieren sollen. Ich hätte gerne Kinder. Ich hätte gerne mehr Kinder. Ich hätte gerne ruhigere Kinder, weniger Kinder, einfachere Kinder. Ich hätte einen anderen Menschen heiraten sollen. Ich hätte einen anderen Beruf wählen sollen. Ich hätte doch ins Ausland gehen sollen. Ich hätte Missionar werden sollen. Ich hätte nicht Missionar werden sollen. Ich hätte meine Eltern zu Hause pflegen sollen. Ich hätte mich früher von zu Hause lösen sollen …

Der Kern der Unzufriedenheit in allen diesen Sätzen ist der Konjunktiv. Wäre doch, hätte doch, könnte doch … Ich schaue nicht auf mein reales Leben, sondern auf meine Vorstellung davon. Das führt zu … nichts. Von diesen Sätzen muss ich mich, auch wenn das schmerzhaft ist und vielleicht etwas länger dauert, verabschieden. Es ist eine der größten Herausforderungen für jeden Menschen, die Tatsache zu akzeptieren, dass wir begrenzte Geschöpfe sind.

Unzufriedenheit ist aber manchmal auch ein Motor zur Veränderung. Nicht alles muss unweigerlich so bleiben, wie es ist. In vielen Fällen kann ich in meinem Leben noch etwas „geraderücken": das Abitur nachmachen oder mich beruflich verändern. Beziehungen klären und Vergebung zusprechen oder erhalten. Andererseits geht es in vielen der angeführten Fälle darum, mich mit meinem Leben und auch meinen Grenzen zu versöhnen. Es ist ungesund, dauerhaft im „Hätte ich doch"-Konjunktiv zu leben. Wer das tut, wird oft zu einem verhärmten oder verbitterten Menschen, der sich nicht im Heute, sondern im „Es hätte alles viel besser sein können"-Modus befindet. Dieser Modus aber ist der Nährboden für Unzufriedenheit. Er verhindert Versöhnung mit der eigenen Geschichte und mit den Lebensumständen, wie sie nun einmal sind. Er verhindert Dankbarkeit.

Der wohl härteste Verlust ist der Tod eines lieben Menschen. Gerade in diesen Wochen hat ein Kollege seine zehnjährige Tochter durch einen Unfall verloren. Er schickte mir ein paar Zeilen von Dietrich Bonhoeffer, die er 1943 zu Weihnachten aus dem Gefängnis an seine Freunde, die Bethges, schrieb.

„Es gibt nichts, was uns die Abwesenheit eines lieben Menschen ersetzen kann, und man soll das auch gar nicht versuchen; man muss es einfach aushalten und durchhalten; das klingt zunächst sehr hart, aber es ist doch zugleich ein großer Trost; denn indem die Lücke wirklich unausgefüllt bleibt, bleibt man durch sie miteinander verbunden. Es ist verkehrt, wenn man sagt, Gott füllt die Lücke aus; er füllt sie gar nicht aus, sondern er hält sie vielmehr gerade unausgefüllt, und hilft uns dadurch, unsere echte Gemeinschaft miteinander – wenn auch unter Schmerzen – zu bewahren. Ferner: Je schöner und voller die Erinnerungen, desto schwerer die Trennung. Aber die Dankbarkeit verwandelt die Qual der Erinnerung in eine stille Freude. Man trägt das vergangene Schöne nicht mehr wie einen Stachel, sondern wie ein kostbares Geschenk in sich."

Die Verwandlung der Qual in eine stille Freude – das ist eines der wirklich großen Wunder in solch umkämpften Zeiten. Ein „kostbares Geschenk", das sich niemand selbst erarbeiten kann.

Dankbar im Rückblick auf schwierige Zeiten

„Erfahrung ist Erleben plus Reflektion." – Diesen klugen Satz haben wir vor Jahren von Pastor und Autor Arne Völkel gelernt. Er betont, dass allein das Erleben oder Durchleben schwieriger Lebensumstände noch kein Erfahrungsgewinn ist. Erst wenn ich nach der schwierigen Situation darüber nachdenke, was dieses Erleben mit mir gemacht hat, wie es mich verändert hat, dann erwächst daraus Lebenserfahrung. Erleben und Denken finden zusammen. Erst dann kann das Danken folgen.

Unsere Freundin Lisa ist in den ersten Ehejahren. Sie hat sich aufgrund beruflicher Umstände auf eine Wochenend-Ehe eingelassen. So führt sie während der Woche einen kleinen Singlehaushalt, wie viele andere auch. Und hat auf einmal viel mehr Verständnis für Menschen, die unter Einsamkeit leiden. Plötzlich ist aus dem Kopfwissen eine eigene Erfahrung geworden. Das, was wir erleben, verändert uns, wenn wir es annehmen und darüber nachdenken.

Ohne die Erfahrung von eigener Schwäche wäre ich (Martin) heute immer noch unbarmherzig mit Menschen, die meine Geschwindigkeit nicht mitgehen können. Als alles gut lief, konnte ich oft nicht verstehen, warum andere Menschen mehr Zeit brauchten, es – in meinen Augen – so kompliziert machten. Doch nachdem ich selbst erlebt habe, wie es ist, langsam zu sein und Wiederherstellung zu brauchen, habe ich dafür viel mehr Verständnis. Für diese Veränderung bin ich dankbar. (Und vermutlich auch die Menschen, die mich tagtäglich erleben.)

Ich (Anja) bin dankbar für das, was ich durch die Herausforderung in den schwierigen Jahren der Kleinkindphase im Umgang mit meinem Perfektionismus und meinen Grenzen gelernt habe. Ich bin heute geduldiger, einfühlsamer mit anderen in schwierigen Zeiten, barmherziger mit mir selbst und mit anderen. Dankbarer für anscheinend Selbstverständliches. Und auch mein Gottesbild hat sich gerade dadurch sehr gewandelt. Denn ich habe meinen himmlischen Vater als einen Gott erlebt, der mir in den Tiefen nahekommt, mich darin begleitet und nicht im Stich lässt. Ich habe einen Gott erfahren, der dem Schweren und Leidvollen nicht ausweicht, es nicht verdrängt oder ignoriert. Und vor dem ich wirklich ehrlich in meinem Empfinden und Fühlen sein darf, auch wenn er die Schwierigkeiten nicht einfach aus dem Weg räumt. In den schweren Zeiten erkennt man die wahren Freunde! Und als einen solchen habe ich Gott erlebt. Dafür bin ich unglaublich dankbar! Und auf diesem Hintergrund wird deutlich, warum der alte Choral von Paul Gerhardt eines unserer gemeinsamen Lieblingslieder ist.

Sollt ich meinem Gott nicht singen? Sollt ich ihm nicht dankbar sein?
Denn ich seh in allen Dingen, wie so gut er's mit mir mein.
Ist's doch nichts als lauter Lieben, das sein treues Herze regt,
das ohn Ende hebt und trägt, die in seinem Dienst sich üben.
Alles Ding währt seine Zeit,
Gottes Lieb in Ewigkeit.

Wie ein Adler sein Gefieder über seine Jungen streckt,
also hat auch hin und wieder mich des Höchsten Arm bedeckt,
alsobald im Mutterleibe, da er mir mein Wesen gab
und das Leben, das ich hab und noch diese Stunde treibe.
Alles Ding währt seine Zeit,
Gottes Lieb in Ewigkeit.

Wenn ich schlafe, wacht sein Sorgen und ermuntert mein Gemüt,
dass ich alle lieben Morgen schaue neue Lieb und Güt.
Wäre mein Gott nicht gewesen, hätte mich sein Angesicht
nicht geleitet, wär ich nicht aus so mancher Angst genesen.
Alles Ding währt seine Zeit,
Gottes Lieb in Ewigkeit.

Paul Gerhardt (1607-1676)

Über schwierige Lebensphasen, Grenzen und Verluste nachzudenken, erfordert immer einen inneren Ruck. Aber es lohnt sich, noch einmal gedanklich zurückzugehen. Denn nur so kann aus dem Geschehen Lebenserfahrung werden, die unser Leben bereichert. Dieser Weg ist nicht leicht, aber er lohnt sich immer.

Fragen zum Weiterdenken:

 Wenn es in meinem Leben schwierige Zeiten gibt – wo kann ich etwas entdecken, das Grund zur Dankbarkeit gibt?

 Wo ist das in vergangenen Lebensabschnitten gelungen? Wo nicht?

Mit welchen meiner Grenzen habe ich mich versöhnt? An welchen Stellen hadere ich mit meiner Geschichte?

 Welches könnten meine „Wunden" sein, die ich anderen schenken kann? Was hindert mich daran, mich zu öffnen?

Für das Vergangene: Danke.

Für das Kommende: Ja.

DAG HAMMARSKJÖLD

GeDANKE 11

Dankbar hinein in die Zukunft

Wer dankbar lebt, blickt meistens auch zuversichtlich in die Zukunft. Wer sich über das freut, was er bereits erlebt hat, und das wahrnimmt, was ihm heute gegeben ist, der hat auch eine gelassene Grundstimmung, wenn er an morgen denkt. Wenn Dankbarkeit unseren Blick zurück bestimmt, dann kann Zuversicht unseren Blick nach vorn kennzeichnen.

Wenn ich glaube, dass Gott mich bis zum heutigen Tage begleitet, bewahrt und gesegnet hat, dann habe ich ganz viel Grund, darauf zu vertrauen, dass er das auch in Zukunft tun wird. Diese Zuversicht gründet sich nicht nur auf meine eigene Erfahrung, sondern auch auf Berichte, Erzählungen und die Erlebnisse anderer Christen aus der Gegenwart und der Vergangenheit: Wenn Gottes Zusagen sich bereits bewährt haben, sind sie auch in der Zukunft verlässlich.

Bevor wir einige der ermutigenden Versprechen Gottes, die sich in der Bibel finden, ins Auge fassen, stellen wir allerdings zumindest kurz die Frage danach, welche der biblischen Aussagen wir denn überhaupt auf uns heute beziehen können.

Kann ich Gottes Zusagen aus der Bibel auf mein Leben beziehen?

Es ist gut und wichtig, darüber grundsätzlich nachzudenken: Kann ich die Zusagen Gottes, die uns in der Bibel überliefert sind, einfach aus ihrem Kontext herausreißen und auf mich persönlich beziehen? Hat das spezielle Reden Gottes im Alten Testament zu Abraham, David, Mose oder im Neuen Testament zu Petrus, Paulus, Johannes etwas zu tun mit meinem Leben heute?

Dieser Frage geht der Pastor (und unser Freund) Ansgar Hörsting in seinem Buch *Darauf kannst du dich verlassen. Wie Gottes Zusagen unser Leben verändern* ausführlich nach. Im vierten Kapitel erzählt er davon, wie in einer Phase seines Lebens ein ganz bestimmter Bibelvers für ihn eine besondere Bedeutung erlangte: „Der Herr wird für euch kämpfen, ihr aber werdet stille sein" (2. Mose 14,14; ELB).

An dieses persönliche Beispiel anknüpfend, gibt er gute Leitlinien dafür, wie man mit den Zusagen Gottes sachgemäß umgehen sollte: „Zuerst muss die Verheißung im Zusammenhang der ersten Hörer und Leser verstanden werden. Dann muss geprüft werden, ob die Zusage schon in der Geschichte erfüllt wurde. Schließlich kann es sein, dass die Erfüllung erst in der zukünftigen und vollkommenen Welt Gottes stattfinden wird."[7]

Warum aber kann ich dann trotzdem diese Zusagen an einen ganz anderen Menschen in einer anderen Zeit und Situation auf mich beziehen? Wieso soll das Wort Gottes an Mose mir heute gelten? Noch mal Ansgar Hörsting:

> *„Der Grund liegt darin, dass das Wort deswegen aufgeschrieben und weitergegeben wurde, damit spätere Generationen erkennen, wie Gott gehandelt hat und wer er ist. Und weil er auf eine ähnliche Weise immer wieder gehandelt hat, kann daraus geschlossen werden, dass es eine ganz typisch göttliche Art ist zu handeln. (...) Es ist theologisch sauber, dem alten Wort aus 2. Mose 14,14 kindlich zu vertrauen."* (S. 60)

Wenn Sie auf solche Art und Weise an die Zusagen Gottes herangehen, können diese Worte Ihnen heute in Ihrer konkreten Situation Luft zum Atmen, Kraft zum Leben und Raum zum Handeln geben. Sie wollen es geradezu! Das, was sich in der Vergangenheit bewährt hat, gilt auch heute und trägt morgen.

Beispiele für Zusagen Gottes

Es gibt Hunderte von Zusagen Gottes in der Bibel. Wir haben auf den nächsten Buchseiten einige ausgewählt und bitten Sie nun zweierlei: Kreisen Sie die

Aussagen ein, die Ihnen spontan etwas bedeuten. Mit denen Sie Erfahrungen gemacht haben oder die Sie gerade jetzt berühren.

Und dann, in einem zweiten Schritt, notieren Sie die Worte aus der Bibel, die Ihnen in einer bestimmten Phase Ihres Lebens schon einmal wichtig geworden sind. Vielleicht sind es „Durchhalteworte" in schwierigen Zeiten, ermutigende Worte in Trauerphasen, herausfordernde Worte am Beginn eines neuen Lebensabschnitts gewesen.

Wir wollen Sie ermutigen, sich dankbar zu erinnern. Die Momente anzuschauen in denen Gott schon in Ihrem Leben gesprochen und gewirkt hat. Sich an diese Zusagen noch einmal zu erinnern, wird Ihnen Hoffnung und Zuversicht für die Zukunft geben.

Ich aber bin gekommen, um ihnen das Leben zu gehen, Leben im Überfluss. (Johannes 10,10; GNB)

❧

Befiehl dem Herrn deine Wege und hoffe auf ihn, er wird es wohlmachen. (Psalm 37,5; LUT)

❧

Ich will dich mit meinen Augen leiten. (Psalm 32,8; LUT)

❧

Meine Zeit steht in deinen Händen. (Psalm 31,16: LUT)

❧

Denn Gott hat uns nicht gegeben den Geist der Furcht, sondern der Kraft und der Liebe und der Besonnenheit. (2 Timotheus 1,7; LUT)

❧

Euer Herz erschrecke nicht! Glaubt an Gott und glaubt an mich! (Johannes 14,1; LUT)

❧

Nicht ihr habt mich erwählt, sondern ich habe euch erwählt und bestimmt, dass ihr hingeht und Frucht bringt und eure Frucht bleibt, damit, wenn ihr den Vater bittet in meinem Namen, er's euch gebe. (Johannes 15,16, LUT)

❧

Da sprach Jesus abermals zu ihnen: Friede sei mit euch! Wie mich der Vater gesandt hat, so sende ich euch. (Johannes 20,21, LUT)

Bibelworte, die mir besonders wichtig sind –
oder in einer bestimmten Phase meines Lebens
einmal besonders wichtig waren:

Persönliche Erfahrungen

Zum Abschluss dieses Kapitels wollen wir in zwei persönlichen Abschnitten erzählen, wie Worte aus der Bibel uns durch schwierige Zeiten unseres Lebens hindurchgetragen und gestärkt haben.

Der Herr ist mein Hirte. Nichts wird mir fehlen (Psalm 23; HFA).

Dieser Vers ist sicherlich einer der bekanntesten aus der gesamten Bibel. Ein Psalm Davids. Für mich (Martin) ist er in einer schwierigen Lebenssituation besonders wichtig geworden. Als Vater von zwei Töchtern, zwei und vier Jahre alt, selbst Anfang 30 – wir waren gerade in ein neues Haus eingezogen – wurde ich plötzlich durch eine lebensbedrohliche Situation von einer Stunde auf die andere aus der Normalität gerissen. Eine riskante Operation stand bevor. Die Folgen, kurzfristige wie langfristige, waren schwer abzuschätzen. Nichts war mehr sicher.

Fragen über Fragen: Werde ich meine Kinder aufwachsen sehen? Sind wir als Familie versorgt? Werde ich meinen 40. Geburtstag erleben? Kann ich meinen Beruf weiter ausüben? Inmitten allen Grübelns dann dieser Satz aus Psalm 23: Es wird mir nichts fehlen. Es wird meiner Frau nichts fehlen. Es wird meinen Kindern nichts fehlen. Gott ist derjenige, der mich und uns in der Hand hält und für uns sorgt.

Die Vertonung dieser Zusage Gottes war für mich ein Lied, das ich in dieser Zeit immer wieder gesungen habe: „Jesus, du allein bist genug, du bist alles für mich. Jesus, öffne mein Herz, lass mich sehn und verstehn, dass du mich liebst. Komm und fülle mein Herz, gib mir neu deinen Geist. Du bist unser Gott, der Heilung bringt, Licht des Lebens, das das Dunkel durchdringt."

Jedes Mal, wenn dieses Lied gesungen wird, erinnert es mich an diesen Abschnitt meines Lebens. Manches ist damals weit besser ausgegangen, als wir es erhoffen konnten. Andere Punkte sind bis heute unsicher. Für mich bleibt beim Blick auf diese Situation das Gefühl, mit einer starken Aussage Gottes durch eine schwierige Zeit gegangen zu sein. Was das für die Zukunft heißt? Ich bin mir nicht sicher. Ich hoffe, dass mich auch in kommenden schwierigen Zeiten eine Aussage Gottes begleitet und trägt. Und dass ich seine Hilfe und seinen Beistand wieder erfahren darf.

Du brauchst nicht mehr als meine Gnade. Je schwächer du bist, desto stärker erweist sich an dir meine Kraft (2. Korinther 12,9; GNB).
Diese Zusage war ursprünglich an Paulus in einer sehr herausfordernden Situation gerichtet. Und dann „sprang" diese Passage mich (Anja) an – in einer Zeit, in der ich schwer mit den Herausforderungen meines Lebens zu kämpfen hatte. Durch massive äußere Schwierigkeiten wurde ich sehr grundsätzlich und schonungslos mit mir selbst konfrontiert. Ich bin vom Typ her eine Macherin, eine Perfektionistin. Ich habe gern die Kontrolle und war noch nie vorher in meinem Leben so an meine Grenzen gekommen. Das alles rüttelte an meiner Identität, an meinem Selbstbild und auch an meinem Gottesbild.

Die existenzielle Erfahrung meiner Schwachheit hat mir bewusst gemacht, wer ich wirklich bin. Welche Muster mich geprägt haben und in vielen Bereichen bestimmen. Ich habe begriffen, dass ich ein Mensch bin, der sich stark über seine Leistung definiert. Auch im Glauben. Ich habe erkannt, was für eine Sünde mein Perfektionismus ist. Welche zerstörerische Kraft er hat. Für mich und meine Umwelt. Auch für meine Beziehung zu Gott. Ich war stolz auf meine Stärken. Und wollte auch Gott damit beeindrucken. Ich wollte mir seine Liebe verdienen, indem ich eine starke Frau, eine „Power-Frau" war. Ich hatte, obwohl ich schon so lange Christin war, nichts davon begriffen, was Gnade heißt: Das Wichtigste, die Liebe Gottes, kann ich mir nicht verdienen oder erarbeiten. Brauche ich auch nicht. Das Wichtigste wird mir geschenkt. Aus Gnade. Unverdient. Und das ist genug. Mehr ist nicht nötig.

Die Zusage Gottes, dass er gerade in meiner Schwachheit und in meiner Bedürftigkeit handeln kann und will, hat mich geistlich und menschlich „umgekrempelt". Und das hat Auswirkungen bis heute. Dieser Bibelvers und die Erfahrung von Gottes Handeln in meiner Vergangenheit und Gegenwart geben mir Zuversicht für die Zukunft. Ich will auf diesem Weg an Gottes guter Hand weitergehen.

Die Seele füttern

Wer lernen will, im Hinblick auf die Zukunft dankbar zu leben, füttert seine Seele mit den zeitlosen Zusagen Gottes. Das nimmt die Angst und Unsicherheit vor dem, was kommen wird, und vor möglichen Schreckensszenarien. Und macht heute mutig, gelassen und handlungsfähig. Dietrich Bonhoeffer drückt das in einem Brief aus dem Gefängnis so aus: „Wer das Morgen ganz in die Hand Gottes legt, und heute ganz empfängt, was er zum Leben braucht, der allein ist wahrhaft gesichert."

Dieser Satz steht als Postkarte seit Jahren in unserem Arbeitszimmer und erinnert uns daran, wo unsere letzte Sicherheit liegt – nicht bei uns. Die Sicherheit, von der Bonhoeffer schreibt, gibt es auf dieser Welt nicht. Die in uns schlummernde Sehnsucht wird nicht durch Irdisches erfüllt. Wir können uns selbst zwar ver-sichern, aber nicht sichern.

Die Zusagen Gottes aber sind die Zu-Sicherungen, dass er um uns weiß – heute und in Zukunft. Dass er uns sieht und dass unser Leben in seiner Hand gut aufgehoben ist. Das klingt vielleicht schlicht, aber am Ende, wenn es drauf ankommt, zählen die einfachen Wahrheiten.

Fragen zum Weiterdenken:

 Gibt es eine Zusage Gottes in der Bibel, die in meinem Leben eine besondere Bedeutung hat?

Wo fällt es mir schwer, auf die Zusagen
Gottes zu vertrauen?

 Welche Erfahrungen habe ich schon mit
den Verheißungen Gottes in meinem Leben
gemacht?

Welche Enttäuschungen habe ich erlebt?
Welche Freuden?

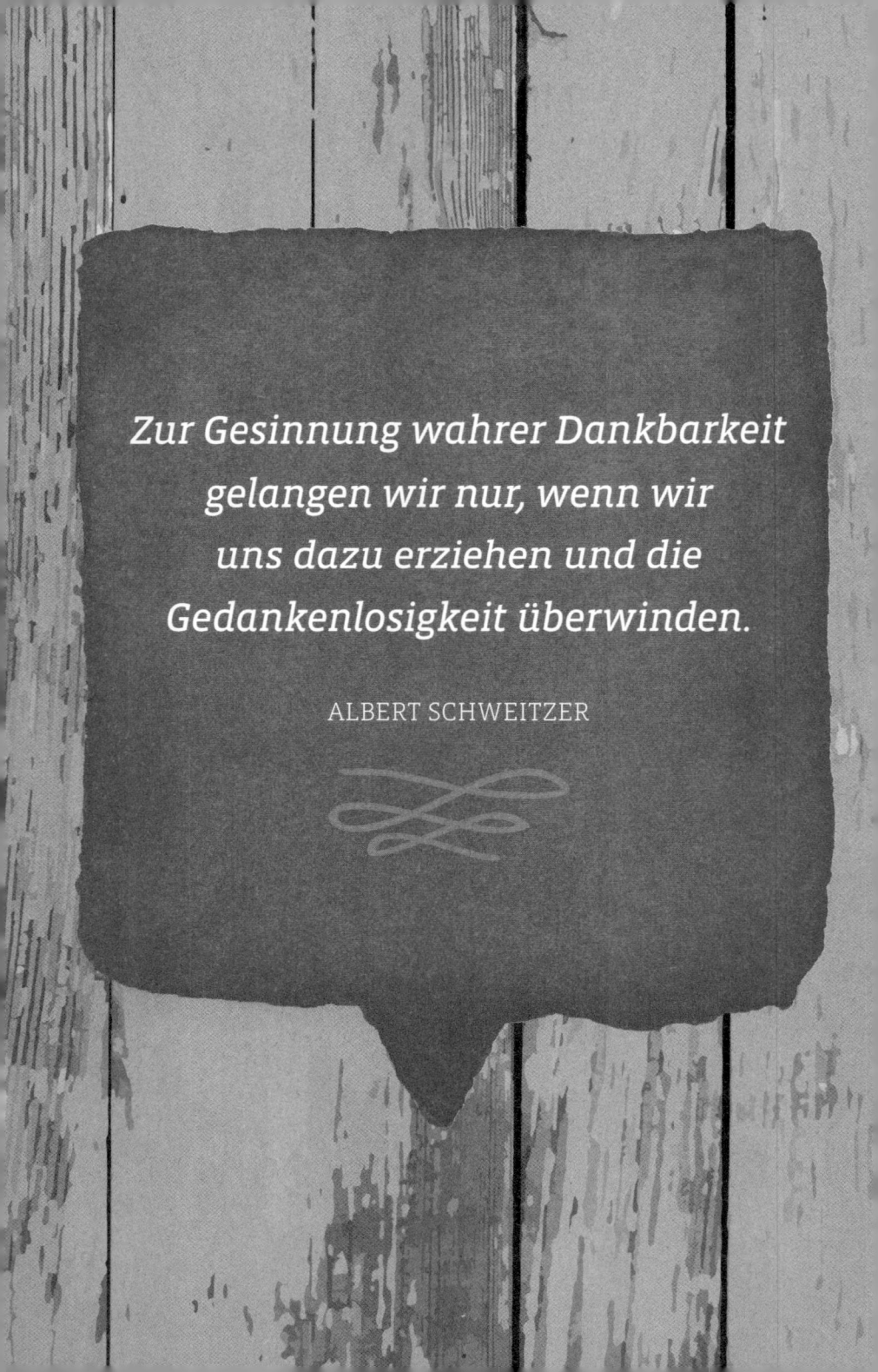

Zur Gesinnung wahrer Dankbarkeit
gelangen wir nur, wenn wir
uns dazu erziehen und die
Gedankenlosigkeit überwinden.

ALBERT SCHWEITZER

GeDANKE 12

„Danke" –
Die Trainingsfelder

Veränderung zeigt sich immer im Handeln. Wenn Dankbarkeit in Ihrem Leben mehr Raum gewinnt, dann wird sich das in Ihrem Tun zeigen. Wenn die zarte Pflanze der Dankbarkeit bei Ihnen wächst, werden die Blätter auch irgendwann für die anderen zu sehen sein. Das wird so kommen, weil sich das, was in uns ist, immer nach außen Bahn bricht.

Sie können sich dafür zur Vertiefung ein Trainingsfeld suchen, auf dem Sie Dankbarkeit besonders einüben wollen. Hier deshalb eine Ideenliste, in der wir fünf verschiedene Übungsfelder vorschlagen. Vielleicht trainieren Sie auch auf einem ganz anderen Platz – dann wenden Sie sich getrost diesem zu. Wir hoffen jedoch, dass im Folgenden die eine oder andere Anregung für Sie dabei ist. Machen Sie Nägel mit Köpfen und schreiben Sie auf, wo Sie beginnen wollen.

Trainingsfeld 1:
Meine Familie und meine Freunde

Sehen Sie Ihre Familie als ein Trainingsfeld für Dankbarkeit. Bereits in Kapitel 4 ging es darum, wie wichtig Dankbarkeit im kleinsten Kreis ist. Jetzt möchten wir noch mal in Erinnerung rufen, wie das konkret aussehen kann.

- Danken Sie Ihren Eltern für das, was sie im Lauf der Jahre an Zeit, Kraft, Geld und Nerven in Sie und vielleicht auch Ihre eigene Familie investiert haben. Möglicherweise geht es Ihnen wie uns: Erst mit den eigenen Kindern kann man so richtig wertschätzen, was unsere Eltern für uns getan haben. Grund zur Dankbarkeit!

- Danken Sie Ihrem Ehepartner für das, was er für Sie getan hat und tut. Auch für die ganz alltäglichen Dinge: für das gekochte Essen, für das verdiente Geld, für die kleinen Liebesbeweise im Alltag. Danken Sie heute vielleicht für etwas, für das Sie ihm oder ihr noch nie gedankt haben!

- Danken Sie Ihren Kindern für das, was sie zu Ihrer Familie beisteuern, durch ihre Anwesenheit, durch ihre Persönlichkeit, durch ihren Humor, durch ihre Vitalität. Vielleicht verbinden Sie den Dank mit einem kleinen Geschenk, einem guten Essen oder einem schönen Spieleabend.

- Danken Sie Ihren langjährigen Freundinnen oder Freunden einmal für die gemeinsame Zeit, die Erlebnisse, die Sie verbinden. Sagen Sie ihnen, was Ihnen die Freundschaft bedeutet. Schreiben Sie ein kleines Kärtchen oder kaufen Sie eine Blume. Gestalten Sie ein Heft mit den gemeinsamen Erfahrungen oder basteln Sie ein Büchlein mit schönen Fotos. Es ist ganz einfach, Sie müssen nur loslegen!

Nehmen Sie sich ein paar Minuten Zeit, um zu überlegen, wem in Ihrer Familie oder unter Ihren Freunden Sie wie danken wollen.

Dafür danke ich meiner Familie und meinen
Freunden:

Das soll sich ändern:

Trainingsfeld 2: Meine Arbeitsstelle

Wir haben keine Ahnung, in welchem beruflichen Umfeld Sie arbeiten. Vielleicht sind Sie in einer Firma tätig, in der Lob, Anerkennung und Dankbarkeit an der Tagesordnung sind. Dann beglückwünschen wir Sie – und so mancher wird Sie auch ein bisschen beneiden. Denn in vielen Firmen sieht das ganz anders aus. Aber auch da können Sie einen Unterschied bewirken, wenn Sie Ihre Arbeitsstelle als ein Trainingsfeld für Dankbarkeit sehen.

- Denken Sie einmal über Ihre Kolleginnen und Kollegen nach. Fragen Sie sich, was diese Menschen, mit denen Sie jeden Tag zusammen sind, ausmacht. Welche besonderen Qualitäten hat jeder von ihnen? Was können sie besonders gut? Versuchen Sie, einmal einen anderen Blick auf sie zu gewinnen; die Selbstverständlichkeit zu überwinden, dass die anderen immer da sind. Vielleicht bedanken Sie sich für die Dinge, die Ihre Kollegen Tag für Tag einbringen. Oder Sie laden sie einmal am Samstagmorgen zum Frühstücken ein …

- Bedanken Sie sich auch bei den Mitarbeiterinnen und Mitarbeitern, die an Stellen arbeiten, die weitgehend unbemerkt bleiben: im Lager, an der Pforte, im Putzteam, vielleicht auch im Außendienst. Dank und Wertschätzung ist gerade hier Mangelware.

- Oft sind die Chefs und die Führungskräfte die einsamsten Mitarbeiter in der Firma. Sie arbeiten viel, doch wer dankt es ihnen? Vielleicht kommt es Ihnen komisch vor, Ihrem Vorgesetzten oder Ihrem Geschäftsführer für sein Handeln zu danken. Versuchen Sie, den Dank sehr spezifisch auszudrücken. Also nicht: „Danke für alles, was Sie tun!" Sondern eher: „Danke, dass Sie immer wieder auf jeden einzelnen Mitarbeiter sehen und ihn wertschätzen. Das ist für mich keine Selbstverständlichkeit!"

Vielleicht fallen Ihnen noch andere Zusammenhänge ein. Wichtig ist, dass Sie das Positive nicht nur im Kopf bewegen, sondern konkrete Schritte gehen und Ihren Dank auch ausdrücken.

Wenn ich an meine Firma denke, kann ich für
folgende Dinge danken:

Hier will ich anfangen, etwas zu ändern:

Trainingsfeld 3:
Meine Kirche und Gemeinde

Ja, die Gemeinschaft der Christen in der Kirche und in den Gemeinden sollte geprägt sein von Freude und Dankbarkeit. Und tatsächlich ist auch viel davon zu erleben, wenn Christen voreinander offen sind und ihr Leben teilen.

Die allermeisten Gemeinden würden vermutlich von sich sagen: „Da haben wir noch Luft nach oben!" Hier ein paar Ideen, wie Dankbarkeit in Ihrer Gemeinde wachsen und gedeihen kann.

- Danken Sie den Ehrenamtlichen! Diese engagieren sich neben einem vollen Leben noch mit Zeit und Kraft im Kindergottesdienst, in der Altenbetreuung, im Musikteam … Auch wenn Sie selbst ehrenamtlicher Mitarbeiter sind, können Sie das tun. Würdigen Sie das Päckchen, das der andere mit trägt.

- Danken Sie Ihrer Pastorin oder Ihrem Pastor für seinen Dienst. Tun Sie das nicht nur beim Händeschütteln nach dem Gottesdienst, sondern schreiben Sie ein Kärtchen oder eine E-Mail während der Woche. In der Regel ist es nicht so, dass Pastoren von solchen Dingen und überhaupt von dankbarem Feedback auf ihre Arbeit überschüttet werden. Ein durchdachtes und fröhliches „Danke!" wird daher sicherlich Freude hervorrufen.

- Danken Sie den älteren Menschen in Ihrer Gemeinde, die vor Jahrzehnten die tragenden Säulen in der Gemeinschaft waren. Sie haben die Grundlage gelegt, von der jetzt die Gemeinde lebt. Oft sind sie diejenigen, die das Gemeindehaus gebaut, Gruppen gegründet und viel in die Gemeinde investiert haben. Fragen Sie einmal nach den „alten Zeiten" und danken Sie sehr bewusst für das, was da geleistet worden ist.

- Vielleicht haben Sie Kinder und/oder Jugendliche, für die in der Gemeinde Programme gestaltet werden. Dann danken Sie als Eltern mindestens einmal im Jahr den Freiwilligen, die sich Woche für Woche für Ihre Kinder einsetzen.

Mein „Danke!" in der Gemeinde könnte so aussehen:

Trainingsfeld 4: Meine Umgebung

Wie dankbar ist unsere Gesellschaft? Das kommt sicher auch darauf an, wohin wir sehen. Es gibt viele Zusammenhänge, in denen Freundschaft und Dankbarkeit gelebt wird. Zum Beispiel in Nachbarschaften, in denen man sich gegenseitig hilft. Oder einfach in den Vereinen vor Ort.

- Danken Sie Menschen, die Sie gar nicht kennen, die Sie aber aufgrund ihrer Funktion wichtig finden. Konkret? Das kann die Feuerwehr sein, die Hebamme vor Ort, der Hausarzt oder die Polizei. Vielleicht auch der Bürgermeister? Meinen Sie, den Finanzbeamten hätte schon einmal jemand für ihre Arbeit gedankt? Danken Sie dem Jugendtrainer im Fußballverein dafür, dass er Woche für Woche seine Zeit in Jugendliche investiert. Ihrer Fantasie sind keine Grenzen gesetzt ...

- Danken Sie anderen Menschen, auch wenn Sie für die Dinge oder Leistungen, die Sie erhalten, bezahlen. Viele Menschen haben die Vorstellung, dass man für eine Leistung entweder Dank oder Geld gibt bzw. Dank oder Geld bekommt. Beides zusammen ist eher selten und scheint unpassend. Aber wer sagt das eigentlich? Danken Sie dem Mitarbeiter im Baumarkt, der Frau an der Supermarktkasse, dem Mitarbeiter am Sicherheitscheck im Flughafen, der Mitarbeiterin in der Kindertagesstätte. Sie vermitteln dadurch das Gefühl der Wertschätzung und Anerkennung. Und ignorieren Sie den Satz: „Dafür werde ich doch bezahlt!" Das soll Sie vom Danken nicht abhalten ...

- Überraschen Sie Menschen, die Sie nicht gut kennen, mit einem Dankeschön: Eine Tüte Brötchen am Samstag für die Familie in der Siedlung, die gerade ein Baby bekommen hat. Einen Strauß Blumen für die alte Frau am Ende der Straße, die allein wohnt. Zehn Euro für den Jugendlichen, den Sie nur flüchtig kennen. Einfach mal so, hören Sie auf Ihr Herz!

Das sind Kleinigkeiten, die oft erstaunliche Auswirkungen haben und den Beschenkten manchmal vielleicht verlegen machen (egal!) oder sogar zu Tränen rühren. Wenn Sie mit offenen Augen durch Ihren Tag gehen, dann werden Sie unzählige solcher Möglichkeiten entdecken.

Hier beginnt das Trainingsfeld „Meine Umgebung" für mich:

Folgende Menschen könnte ich mit einem Danke überraschen:

Trainingsfeld 5:
Konventionen durchbrechen

Manchmal ist es wichtig, Dinge anders zu machen als bisher. Oft reicht es, eine kleine Gewohnheit zu verändern, eine Konvention zu durchbrechen, einen winzigen neuen Schritt zu gehen. Es ist erstaunlich, was sich ändern kann, wenn man den gewohnten Trott einmal bewusst verlässt.

- Grüßen Sie einmal den Nachbarn, der Sie immer nur gleichgültig anschaut. Mit dem Sie vielleicht seit Jahren nicht gesprochen haben oder mit dem Sie vor langer Zeit eine Meinungsverschiedenheit gehabt haben. Durchbrechen Sie das Schweigen, reden Sie ein paar Sätze mit ihm. Vielleicht laden Sie ihn sogar zu einer Tasse Kaffee ein. Es sind oft Kleinigkeiten, die wir bewusst ändern und die dann eine enorme Wirkkraft entfalten.

- Vielleicht haben Sie als Ehemann noch nie für das Frühstück gedankt, dass Ihnen Ihre Frau Morgen für Morgen zubereitet. Da könnte ein Danke, ein netter Blick, vielleicht sogar eine kleine Umarmung ein Schritt sein, der das Klima in der Familie verändert.

- Vielleicht gibt es in Ihrer Verwandtschaft einen Menschen, den Sie nicht besonders leiden können. Der Sie schon nervt, wenn er zur Tür hereinkommt. Suchen Sie einmal bewusst nach einer Sache, für die Sie sich bei ihm oder ihr bedanken können. Suchen Sie nicht nach den Fehlern, die Ihren Groll verstärken und am Leben halten, sondern suchen Sie bewusst nach dem Guten, das Sie dankbar in den Blick nehmen können. Gestalten Sie auf diese Weise wichtige Beziehungen in Ihrem Leben neu.

sen. Und dann bei jedem Klingeln für einen Moment der Dankbarkeit innezuhalten.

- Ich (Anja) mache morgens immer die erste Runde mit unserem Hund (davon habe ich schon in Kapitel 5 geschrieben). Während dieser Zeit habe ich mir angewöhnt, mir jeweils drei Sachen bewusst zu machen, für die ich an diesem Tag danken kann. Und das tue ich dann auch. Damit bekommt der Tag direkt ein anderes Gesicht!

- Von Schwester Tanja aus Wuppertal stammt die Idee: Jedes Mal, wenn ich meine Position im Lauf des Tages verändere, tue ich es mit Jesus. Ich stehe morgens auf, mit Jesus. Ich setze mich auf meinen Bürostuhl, mit Jesus. Ich gehe walken, mit Jesus. Ich lege mich zum Mittagsschlaf, mit Jesus ... Ein Experiment, das vielleicht zu einer schönen Gewohnheit werden kann. Es ist dann nur eine Kleinigkeit, diesem Gedanken noch einen kleinen Satz anzufügen: „Und danke dafür!" Gott ist in meinem ganz normalen Leben präsent, und ich danke ihm dafür.

- Eine Freundin von uns führt schon seit Jahren ein Danke-Tagebuch. Darin notiert sie jeden Abend vor dem Schlafengehen mindestens drei Dinge, für die sie im Rückblick auf den vergangenen Tag dankbar ist. Ich, Anja, mache das inzwischen auch und bin erstaunt über die Wirkung!

- In Klöstern gibt es regelmäßige Gebetszeiten. Aber auch jenseits der Klostermauern leben Menschen mit der Praxis des Tageszeiten-Gebetes. Thomas Härry (*Deus Adest. Gott ist da*) und Peter Scazzero (*Mitten am Tag bist du mir nah. Acht Wochen mit dem Tageszeitengebet*) haben Bücher zusammengestellt, die uns genau dazu einladen: regelmäßig innezuhalten, uns auf das Wesentliche zu besinnen, dankbar zu werden für das Sein, für die Geschenke Gottes im Alltag und für die Möglichkeiten des eigenen Lebens. Die Regelmäßigkeit hilft dabei, den Danke-Modus in unserem Denken und in unserem Leben zu verankern.

Das klingt für sich genommen jeweils gar nicht so schwer. Und es gibt unzählige weitere „Tipps und Tricks", die wir hier nicht aufführen. Das Entscheidende ist:

Ich muss damit anfangen, ich muss damit wirklich leben. Mir (Martin) rutschen Dinge oft wieder weg, wenn ich keine Regelmäßigkeit auch für die ganz einfachen Dinge entwickle.

Gutes Gedeihen!

Wir sind am Ende unserer Danke-Reise angekommen – allerdings nur, was dieses Buch betrifft. Vielleicht geht es Ihnen wie uns nach dem Schreiben: Wir könnten sofort wieder von vorne anfangen, weil wir das Gefühl haben, beim Danken immer noch Anfänger zu sein.

Uns war es wichtig, am Schluss noch einen breiten Strauß an Übungsmöglichkeiten vorzustellen und Sie einzuladen, Ihre eigenen Trainingsfelder zu entdecken. Der Fantasie sind keine Grenzen gesetzt.

Wir hoffen, dass Sie vom Danke-Virus angesteckt sind. Aber Vorsicht: Dieser Virus kann Ihr Leben verändern!

Die gute Nachricht lautet: Um Dankbarkeit zu lernen, müssen Sie nicht bis zum Wochenendseminar oder bis zum Workshop auf dem nächsten Festival oder bis zur nächsten großen Aktion warten. Es handelt sich dabei um eine Disziplin, die an jedem Tag und an jedem Ort zu erlernen und einzuüben ist. Überall finden sich neue Gelegenheiten auf dem Weg – wenn Sie denn mit offenem Herzen auf der Suche sind.

Aber: Veränderung braucht Zeit, geht selten schnell und glatt. Erinnern Sie sich an das Konzept des „Gedeihens" (Kapitel 4). Da wächst etwas, da entwickelt sich etwas Gutes, nach und nach. Da gibt es Zeiten, in denen nicht viel passiert, und andere, in denen man beim Wachsen buchstäblich zusehen kann.

„Gedeihen" – genau das wünschen wir uns für Sie und uns: dass Dankbarkeit bei Ihnen gedeiht. In Ihrem Leben, in Ihren Beziehungen, in Ihrer Nachbarschaft, in Ihrer Familie ...

Das alles geschieht auf der Basis, dass wir von Gott geliebte Menschen sind. Auf dieser Grundlage haben wir allen Grund zur Dankbarkeit.

Fragen zum Weiterdenken:

 Was sind meine besonderen Trainingsfelder?

Auf welchem Feld will ich ab heute trainieren?

 Dankbarkeit durch Kleinigkeiten im Alltag verankern: Welche Idee finde ich interessant und für mich passend?

Zum Schluss

Am Ende dieses Buches bleibt uns der Wunsch, dass Sie Freude daran gefunden haben, sich auf die Dankbarkeits-Reise zu machen. Vielleicht sind Sie bei einem Kapitel hängen geblieben, an dem Sie weiter dranbleiben wollen. Vielleicht beginnen Sie ein Danke-Tagebuch zu schreiben. Vielleicht fangen Sie an, Ihr Leben unter einem neuen Vorzeichen zu sehen und zu gestalten.

Für uns selbst war die Auseinandersetzung mit dem Thema Dankbarkeit ein großer Gewinn. Wir sind auf der Reise.

Wir danken allen, die uns mit Rat und Tat, Worten und Gedanken unterstützt haben. Wir danken unserer Lektorin Silke Gabrisch für ihre Anfeuerung, unserer Verlagsvolontärin Lisa Dauth für ihre engagierte Mithilfe und dem SCM-Verlag für die Möglichkeit, dieses Buch schreiben zu dürfen. Wir danken den vielen Menschen, die zum Danke-Projekt ihre kleinen und großen Gedanken beigesteuert haben. Stellvertretend seien Christina Brudereck, Thomas Härry, Ansgar Hörsting, Dr. Dirk Lehr, Martin Plücker und Birgit Schilling erwähnt.

Und wir danken unseren Eltern für die vorgelebte Dankbarkeit über viele Jahre hinweg.

Anmerkungen

[1] Gary L. Thomas, Die Kraft der unscheinbaren Kleinigkeiten. Vom Abenteuer, Jesus ähnlich zu werden, Neufeld Verlag 2012, S. 106f.

[2] http://geton-training.de/dankbarkeit.php (letzter Zugriff am 23.3.2015).

[3] B. Rind & P. Bordia, "Effect of server's 'Thank you' and personalization on restaurant tipping". Journal of Applied Social Psychology 25, 1995, S. 745-751.

[4] David Andreas Roth, Lass los und pack zu. Männer mitten im Leben ergreifen ihre Chance, Aussaat 2011, S. 42.

[5] Dietrich Bonhoeffer, Gemeinsames Leben, DBW 5, EVA Berlin 1989, S. 64-65.

[6] zitiert nach Peter Scazzero, Glaubensriesen – Seelenzwerge? Geistliches Wachstum und emotionale Reife, Brunnen Verlag 2013, S. 161.

[7] Ansgar Hörsting, Darauf kannst du dich verlassen. Wie Gottes Zusagen unser Leben verändern, SCM R.Brockhaus 2013, S. 59.